英語長文
レベル別問題集
改訂版

4 中級編

東進ハイスクール・東進衛星予備校 講師

安河内哲也　大岩秀樹
YASUKOCHI Tetsuya　　OIWA Hideki

東進ブックス

まえがき

　「英語長文レベル別問題集」の世界へようこそ。この問題集は各種の試験においてますます出題が増加している長文読解を，段階別に音声や動画を使って訓練できるように工夫されたシリーズです。**自分に最も合ったレベルから，小さなステップを踏み，練習を重ねることによって，第一志望合格レベルに到達することを目標としています。**レベル①は中学2年生レベルから始まり，レベル⑥は，最難関大学に対応できるレベルとなっています。この間の細かなレベル分類の中に，必ず自分のスタートすべきレベルが見つかるはずです。

　このシリーズにおいては，英文の内容が偏らないように様々なテーマの英文を選択しました。同じようなテーマの英文が連続し，興味を失うことのないよう，配列にも工夫をしています。長文読解は，**「単語」「熟語」「構造」だけではなく，内容に関する豊富な知識を持つことが非常に大切な学習分野となります。**様々なテーマの英文を楽しんで読み進めることにより，英文を読むために必要な一般常識の力もいっしょに身につけていきましょう。

　また，長文読解と一言で言っても，「単語」「熟語」「構造把握力」「速読力」など，すべての英語の力を結集して行う「総合技術」のようなものです。だから，「これをやればすぐにできるようになる」といった単純な処方箋がないのです。

　本書を学習する皆さんは，このような長文読解の特徴を十分に理解し，コツコツと正攻法で学習を進めてください。特に，速読力を身につけるためには，英文を一度読んで答え合わせをするだけではなく，**英文をしっかりと理解したうえで，繰り返し聞いたり，音読したりすることが極めて重要です。**ぜひ，本書付属の音声や動画を活用し，繰り返して英語に対する反射神経を磨いてください。最終的には，学習した長文を耳で聞いてすべてわかるようにしてしまいましょう。

　この問題集の大きな特徴は「使いやすさ」です。限られたページ数の中で，学習が能率的に進められるよう，工夫の限りを尽くしたデザインとなっています。

　重要度からすれば，まさに入試の核とも言えるのが「長文読解」の学習です。本書を片手に受験生の皆さんが「**将来も役に立つ長文読解力**」を身につけてくれることを祈り，応援しております。

安河内 哲也／大岩 秀樹

● 改訂のポイント ●

1 古いトピックの長文を削除し，**最新の傾向に合った長文を新規収録**※しました。

2 複雑な構造の文章やつまずきやすい文章に対し，**構文解説を追加**しました。

3 複数のナレーター（アメリカ人／イギリス人／インド人）の音声を収録しました。

4 学習効果を飛躍的に高める2種類の動画コンテンツを追加しました。

※レベル④では12題中4題を新規差し替え

レベル④の特徴

こんな人に最適！
☑ 英文を「速く」「正確に」読めるようになりたい人
☑ 大学入試に出題される基礎的な長文を読めるようになりたい人
☑ 英検２級合格を目指す人

レベル④の位置付け

　このレベルでは**大学入試に出題される基礎的な長文を「速く」「正確に」読み，そして「時間内に処理できる」こと**を目指します。基礎レベルの英文を出題する私大であれば，十分に対応できる力を身につけることを目標としています。

　設問は空所補充，内容一致，和訳などバラエティーに富んだものとなっています。これらの設問をすばやく処理する力も引き続き訓練していくようにしてください。レベルが上がるにしたがって，**前後の文脈から答えを見抜く問題**が増加してきます。ただ単に表面の意味を追うのではなく，**それぞれのパラグラフや文全体で「筆者が何を言おうとしているのか」**にも注意し，内容を良く考えながら読み進めるようにしましょう。求められる語彙のレベルもかなり高くなりますが，「語句リスト」を活用して確固たる単語力を身につけましょう。

大学入試の基礎的な長文はこれで読めるようになる！

　レベル④までの英文を読む力を身につければ，私大や国公立二次試験においても，何とか英文を読み進めることができるようになります。さらに上のレベルへと進み，**高度な内容，抽象的な内容の英文でもしっかりと読み解くことができる力**を磨いていきましょう。

▼志望校レベルと本書のレベル対照表

難易度	偏差値	志望校レベル 国公立大（例）	志望校レベル 私立大（例）	英検	本書のレベル（目安）
難	～67	東京大，京都大	国際基督教大，慶應義塾大，早稲田大	準1級	⑥最上級編
	66～63	一橋大，東京外国語大，国際教養大，筑波大，名古屋大，大阪大，北海道大，東北大，神戸大，東京都立大　など	上智大，青山学院大，明治大，立教大，中央大，同志社大		⑤上級編
	62～60	お茶の水女子大，横浜国立大，九州大，名古屋市立大，千葉大，京都府立大，信州大，広島大，静岡県立大　など	東京理科大，法政大，学習院大，武蔵大，中京大，立命館大，関西大，成蹊大	2級	④中級編
	59～57	茨城大，埼玉大，岡山大，熊本大，新潟大，富山大，静岡大，高崎経済大，長野大，山形大，岐阜大，和歌山大　など	津田塾大，関西学院大，獨協大，國學院大，成城大，南山大，武蔵野大，駒澤大，専修大，東洋大，日本女子大　など		
	56～55	共通テスト，広島市立大，宇都宮大，山口大，徳島大，愛媛大　など	東海大，文教大，立正大，西南学院大，近畿大，東京女子大，日本大　など	準2級	③標準編
	54～51	弘前大，秋田大，琉球大，長崎県立大，石川県立大，富山県立大　など	亜細亜大，大妻女子大，大正大，国士舘大，名城大，杏林大，京都産業大　など		
	50～	北見工業大，釧路公立大，水産大　など	大東文化大，拓殖大，摂南大，共立女子短大　など		②初級編
	-	難関公立高校（高1・2生）	難関私立高校（高1・2生）	3級	①超基礎編
易		一般公立高校（中学基礎～高校入門）	一般私立高校（中学基礎～高校入門）		

本書の使い方

　本書には，各レベルに合った英語長文問題が全12題（Lesson 01〜12）収録されています。各Lessonは，❶問題文→❷設問→❸解答・解説→❹構造確認／和訳（＋語句リスト）という極めてシンプルな見開き構成で進んでいきます。

▶制限時間を目安に，問題文を読んで次ページの問題にチャレンジしましょう。

▶各設問を解き，解答欄に答えを書き込みましょう。

▶答え合わせ・採点をしてください。解説をよく読み，理解を深めましょう。

▶英文の構造を学び，訳を確認しましょう。語句リストで単語も確認しましょう。

　学習を開始する前に，著者による「**ガイダンス動画**」を視聴して，**本書の効率的な活用法**や**復習の方法**をチェックしましょう。「ガイダンス動画」は，右のQRコードをスマートフォンなどで読み取ることで視聴できます。

▼ガイダンス動画

　❶から❹まで一通り終わったら，本書付属の**音声**や「**音読動画**」「**リスニング動画**」で復習しましょう。音読をするときは，ただ機械のように読み上げても意味がありません。**正しい発音を意識**して，**文の内容を理解**しながら音読すると効果が高まります。「音読動画」ではネイティブの口元も確認できるので，真似して発音してみましょう。ぜひ楽しみながら，繰り返し練習してくださいね。

● 本書で使用する記号 ●

S＝主語　　V＝動詞（原形）　　O＝目的語　　C＝補語
※従属節の場合はS′V′O′C′を使用。

SV＝文・節（主語＋動詞）　　Vp＝過去形　　Vpp＝過去分詞
Ving＝現在分詞 or 動名詞　　to V＝不定詞

〜＝名詞　　...／…＝形容詞or副詞　　.....＝その他の要素（文や節など）

[ ]＝言い換え可能　※英文中の[ ]の場合　　　（ ）＝省略可能　※英文中の( )の場合
A／B＝対になる要素（品詞は関係なし）　　　① ② ③ など＝同じ要素の並列
O(A) O(B)＝第4文型（S V O(A) O(B)）の目的語

[ ]＝名詞（のカタマリ）　　　　　□＝修飾される名詞（のカタマリ）
< >＝形容詞（のカタマリ）・同格　　（ ）＝副詞（のカタマリ）

音声・動画の使い方

音声について

すべての問題文（英文）の読み上げ音声を聞くことができます。複数のナレーター（アメリカ人／イギリス人／インド人）による音声を収録しました。音声ファイルの名称は下記のようにつけられています。

01 LV4 Lesson01 USA.mp3
トラック名　レベル　　レッスン　　ナレーターの国籍

USA＝アメリカ人（全レッスン）
UK＝イギリス人（奇数レッスン）
INDIA＝インド人（偶数レッスン）

音声の再生方法

１ ダウンロードして聞く（PC，スマートフォンをお使いの場合）

「東進 WEB 書店 (https://www.toshin.com/books/)」の本書ページにアクセスし，パスワード「**37RwbLV4y**」を入力してください。mp3 形式の音声データをダウンロードできます。

２ ストリーミング再生で聞く（スマートフォンをお使いの場合）

右の QR コードを読み取り，「書籍音声の再生はこちら」ボタンを押してパスワード「**37RwbLV4y**」を入力してください。

※ストリーミング再生は，パケット通信料がかかります。

動画について

本書には，「音読動画」「リスニング動画」の２種類の動画が収録されています。

音読動画：チャンクごとにリピーティングを行う動画です（出演：ニック・ノートン先生）。「**耳アイコン**」が表示されているときはネイティブの発音を聞き，「**話すアイコン**」が表示されているときはネイティブを真似して発音しましょう。

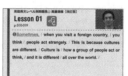

リスニング動画：本文のスクリプト付きの音声動画です。**オーバーラッピング**（スクリプトを見ながら音声と同時に発音する），**シャドーイング**（音声を追いかけるように発音する）などで活用してください。

動画の再生方法

右の QR コードを読み取ると，それぞれの専用ページにアクセスできます。Lesson00（各動画の使い方説明）と Lesson01 〜 12 が一覧になっているので，学習したいレッスンの URL を選んで視聴してください。

▼音読動画

▼リスニング動画

構造確認の記号

［名詞］の働きをするもの

▶名詞の働きをする部分は［　］で囲む。

1 動名詞

[Eating too much] is bad for your health.
［食べ過ぎること］は健康に悪い。

My sister is very good at [singing *karaoke*].
私の姉は［カラオケを歌うこと］がとても上手だ。

2 不定詞の名詞的用法

Her dream was [to become a novelist].
彼女の夢は［小説家になること］だった。

It is difficult [to understand this theory].
［この理論を理解すること］は難しい。

3 疑問詞＋不定詞

Would you tell me [how to get to the stadium]?
［どのようにして競技場へ行けばよいか］を教えていただけますか。

I didn't know [what to say].
私は［何と言ってよいのか］わからなかった。

4 that節「ＳがＶするということ」

I think [that he will pass the test].
私は［彼がテストに合格するだろう］と思う。

It is strange [that she hasn't arrived yet].
［彼女がまだ到着していないというの］は奇妙だ。

5 if節「ＳがＶするかどうか」

I asked her [if she would attend the party].
私は彼女に［パーティーに出席するかどうか］を尋ねた。

It is doubtful [if they will accept our offer].
［彼らが私たちの申し出を受け入れるかどうか］は疑わしい。

6 疑問詞節

Do you know [where he comes from]?
あなたは［彼がどこの出身か］知っていますか。

I don't remember [what time I left home].
私は［何時に家を出たか］覚えていません。

7 関係代名詞のwhat節

I didn't understand [what he said].
私は［彼が言うこと］を理解できなかった。

[What you need most] is a good rest.
［君に最も必要なもの］は十分な休息だ。

＜形容詞＞の働きをするもの

▶形容詞の働きをする部分を＜　＞で囲み，修飾される名詞を￣で囲む。

1 前置詞＋名詞

What is the population ＜of this city＞?
＜この市の＞人口はどのくらいですか。

Look at the picture ＜on the wall＞.
＜壁に掛かっている＞絵を見なさい。

2 不定詞の形容詞的用法

Today I have a lot of work ＜to do＞.
今日私は＜するべき＞たくさんの仕事がある。

Some people have no house ＜to live in＞.
＜住むための＞家を持たない人々もいる。

3 現在分詞

The building ＜standing over there＞ is a church.
＜向こうに建っている＞建物は教会です。

A woman ＜carrying a large parcel＞ got out of the bus.
＜大きな包みを抱えた＞女性がバスから降りてきた。

4 過去分詞

This is a shirt ＜made in China＞.
これは＜中国で作られた＞シャツです。

Cars ＜parked here＞ will be removed.
＜ここに駐車された＞車は撤去されます。

5 関係代名詞節

Do you know the man ＜who is standing by the gate＞?
あなたは＜門のそばに立っている＞男性を知っていますか。

Is this the key ＜which you were looking for＞?
これが＜あなたが探していた＞鍵ですか。

A woman ＜whose husband is dead＞ is called a widow.
＜夫が亡くなっている＞女性は未亡人と呼ばれる。

6 関係副詞節

Do you remember the day ＜when we met for the first time＞?
＜私たちが初めて出会った＞日をあなたは覚えていますか。

Kyoto is the city ＜where I was born＞.
京都は＜私が生まれた＞都市です。

＜同格＞の働きをするもの

▶同格説明の部分を＜　＞で囲み，説明される名詞を□で囲む。

■ 同格の that 節

We were surprised at the news <that he entered the hospital>.
<彼が入院したという> 知らせ に私たちは驚いた。

There is little chance <that he will win>.
<彼が勝つという> 見込み はほとんどない。

② カンマによる同格補足

Masao , <my eldest son>, is finishing high school this year.
<私の長男である> マサオ は, 今年高校を卒業する予定です。

I lived in Louisville , <the largest city in Kentucky>.
私は<ケンタッキー州最大の都市である> ルイビル に住んでいた。

（副詞）の働きをするもの

▶副詞の働きをする部分を（　）で囲む。

■ 前置詞＋名詞

I met my teacher (at the bookstore).
私は (本屋で) 先生に会った。

I listened to music (over the radio).
私は (ラジオで) 音楽を聞いた。

② 分詞構文 (Ving)

(Preparing for supper), she cut her finger.
(夕食の準備をしていて) 彼女は指を切った。

(Having read the newspaper), I know about the accident.
(新聞を読んだので) その事故については知っている。

③ 受動分詞構文 (Vpp)

(Seen from a distance), the rock looks like a human face.
(遠くから見られたとき) その岩は人間の顔のように見える。

(Shocked at the news), she fainted.
(その知らせを聞いてショックを受けたので) 彼女は卒倒した。

④ 従属接続詞＋Ｓ Ｖ

(When I was a child), I went to Hawaii.
(子供の頃に) 私はハワイへ行った。

I didn't go to the party (because I had a cold).
(かぜをひいていたので) 私はパーティーに行かなかった。

⑤ 不定詞の副詞的用法

I was very surprised (to hear the news).
私は (その知らせを聞いて) とても驚いた。

(To drive a car), you have to get a driver's license.
(車を運転するためには) 君は運転免許を取らねばならない。

特殊な記号

■ 主節の挿入 {　}

Mr. Tanaka, {I think}, is a good teacher.
田中先生は良い教師だと {私は思う}。

His explanation, {it seems}, doesn't make sense.
彼の説明は意味をなさない {ように思える}。

② 関係代名詞主格の直後の挿入 {　}

He has a son who {people say} is a genius.
彼は天才だと {人々が言う} 息子を持っている。

Do what {you think} is right.
正しいと {あなたが思う} ことをしなさい。

③ 関係代名詞の as 節 （　）

＊これは副詞的感覚で使用されるため，本書ではあえて（　）の記号を使用しています。

(As is usual with him), Mike played sick.
(彼には普通のことだが) マイクは仮病を使った。

He is from Kyushu, (as you know from his accent).
(あなたが彼のなまりからわかるとおり), 彼は九州出身です。

もくじ ⊕学習記録

＊問題を解いたあとは得点と日付を記入し，付属の音声を聴いたり，「音読動画」「リスニング動画」を視聴したりして繰り返し復習しましょう。

＊本書に収録している英文は，入試に使用された英文を使用しているため，出題者のリライトなどにより，原典と異なる場合があります。

LV4
STAGE-1

Lesson 01
問題文

LEVEL-4

単 語 数 ▶ 291 words
制限時間 ▶ 20 分
目標得点 ▶ 40 ／50点

DATE

■次の英文を読み，あとの設問に答えなさい。

(A)Despite the fact that seas and oceans provide us with food and energy and are useful in so many ways, some people treat them very carelessly. They use them as dumping grounds for waste, destroying environments, poisoning sea creatures and threatening the health of the people who depend on them. (B)So many animals and plants have been hunted or collected that some species have been driven to the point of disappearance.

Enormous quantities of poisonous substances enter the oceans each year. Pollution can build up in a food web when big animals eat smaller ones that have been poisoned. One of the main poisonous substances is oil. About 3.9 million tons of it enter the oceans from tanker spills. The rest is due to leaks from oil fields, smaller accidents or deliberate dumping.

Oil is the biggest cause of seabird deaths. It may also poison plankton, fish and shellfish and the animals and people that eat them. It can poison animals on the seabed. When oil washes up on a shore, it coats rocks and sand and kills wildlife in the area of the seashore.

Litter in the sea and on beaches is dangerous. Plastic waste, for example, kills two million seabirds, 100,000 mammals and vast numbers of turtles and fish each year. Most litter in the sea has been thrown from ships, but some is washed into the sea from rivers and beaches.

Large amounts of sewage (waste from toilets and drains) are also dumped into the sea.　Sewage is 99% water but also contains bacteria and viruses.　Eating fish and shellfish from sewage-polluted sea water can cause food poisoning.　The discharge of sewage near areas that are used for swimming, diving and other water sports can cause other illnesses.

（1）　本文の内容と一致するものを，それぞれの選択肢の中から1つ選びなさい。

1　Seas and oceans （　　　）.

   1　are of no use to humans

   2　are used as garbage dumps by some people

   3　have been completely destroyed

   4　have caused some species of animals to disappear

2　Poisonous substances （　　　）.

   1　do not threaten human health

   2　cause tanker spills

   3　turn into plastic waste in the end

   4　chiefly come from tanker spills and leaks from oil fields

3　Oil （　　　）.

   1　might ultimately poison people

   2　mostly comes from deliberate dumping

   3　kills a hundred thousand mammals each year

   4　cleans up the area of the seashore

4　Litter in the sea （　　　）.

   1　causes food poisoning

   2　comes from our toilets

   3　destroys many sea creatures

   4　chiefly comes from beaches

5 Sewage ( ).

  1 is no danger to the ocean

  2 can be a cause of disease

  3 kills many seabirds each year

  4 provides us with food and energy

(2) 下線部(A)，(B)を和訳しなさい。

解 答 用 紙		
(1)		
1 2 3		
4 5		
(2)	(A)	
	(B)	

解答・解説

（1）

1　海洋は（　　　　）。

1　人間には無益である

②　一部の人々によって，ごみ捨て場として使われている

3　完全に破壊されてしまった

4　何種かの動物を消滅させてしまった

▶**第1段落**第1〜2文の内容から**2**が正解とわかる。第2文のthem
が，第1文のseas and oceansを指すことが見抜けるかどうかがカギ。

2　有毒物質は（　　　　）。

1　人間の健康を脅かさない

2　タンカーからの漏出を引き起こす

3　最後にはプラスチックのごみになる

④　主にタンカーからの漏出や，油田からの漏出によるものである

▶「有毒物質」が主語であることに注目すると，手がかりは**第2段落**に
あるとわかる。**第2段落**第3〜最終文の内容から**4**が正解とわかる。タ
ンカーや油田から有毒物質の石油が漏れるので，**2**は因果関係が逆。

3　石油は（　　　　）。

①　最終的に人々を汚染するかもしれない

2　ほとんどの場合，故意の廃棄から生じる

3　毎年10万匹の哺乳動物を死にいたらしめる

4　海辺をきれいにする

▶「石油」が主語であることに注目すると，**第3段落**第2文の内容から
1が正解とわかる。**3**は**第4段落**第2文で「廃プラスチック」の例とし
て挙げられているので，石油が原因ではない。

4　海のごみは（　　　　）。

1　食中毒を引き起こす

2　我々のトイレからやってくる

③　多くの海洋生物を滅ぼす

4　主に浜辺からやってくる

▶「海のごみ」が主語であることに注目すると，**第4段落**第2文の内容
から**3**が正解とわかる。

5 下水は（　　）。

　1 海に対して危険性はない

　②　病気を引き起こす可能性がある

　3 毎年多くの海鳥を死にいたらしめている

　4 我々に食物やエネルギーを供給してくれる

　▶「下水」が主語であることに注目すると，**第5段落**第3〜最終文の内容から**2**が正解とわかる。

（2）

⒜　文の主語が some people，述語動詞は treat なので，主語の前のカンマまでが，文頭の前置詞 Despite 〜（〜にも関わらず）が作る修飾部分である。また，同格の that を用いた重要表現 **the fact that S V**（S が V するという事実）と，**provide A with B**（A に B を供給する），**in many ways**（多くの点で）などの表現にも注意。

⒝　重要構文 **so ... that S V**（非常に…なので S は V する）と，**drive A to the point of B**（A を B の点まで追いつめる）が受け身の形になっている点に注意して訳せばよい。

正　解				
（1） (各6点)	1　**2**	2　**4**		3　**1**
	4　**3**	5　**2**		
（2） (各10点)	⒜　海洋は私たちに食物とエネルギーを供給し，非常に多くの点で有益であるという事実にも関わらず，海を非常に軽率に扱う人々もいる。			
	⒝　非常に多くの動植物が狩られたり採集されたりしたため，消滅の危機に瀕している種もある。			

得点	（1回目）　　　／50点	（2回目）	（3回目）	CHECK YOUR LEVEL	0〜30点 ➡ *Work harder!* 31〜40点 ➡ *OK!* 41〜50点 ➡ *Way to go!*

15

構造確認

LEVEL-4

[ ]＝名詞　▭＝修飾される名詞　< >＝形容詞・同格　( )＝副詞
S＝主語　V＝動詞　O＝目的語　C＝補語　'＝従節

この行数は問題文の方の行数に合わせています（段落頭を基準としていますが、一部ずれる場合もあります）。

❶ (Despite [the fact] <that seas and oceans provide us (with food and energy)
and are useful (in (so) many ways)>), some people treat them (very carelessly).
They use them (as [dumping grounds] <for waste>), (destroying environments,
poisoning sea creatures and threatening [the health] <of [the people] <who
depend on them>>). ❶(So) many animals and plants have been hunted or
collected that some species have been driven (to [the point] <of
disappearance>).

❷ Enormous quantities of poisonous substances enter the oceans (each year).
❷Pollution can build up (in a food web) (when big animals eat [smaller ones]
<that have been poisoned>). [One] <of the main poisonous substances> is oil.
[About 3.9 million tons] <of it> enter the oceans (from tanker spills). The rest
is (due to [leaks] <from oil fields>, smaller accidents or deliberate dumping).

構文解説

❶ 文全体は，so 〜 that ...「非常に〜なので…」の構造。have been hunted and collected と
have been driven は，現在完了形と受動態を組み合わせた形。

❷ when の前に大きな意味の区切りがある。that は smaller ones [=animals] を先行詞とする
主格の関係代名詞。

【和訳】

❶ 海洋は私たちに食物とエネルギーを供給し，非常に多くの点で有益であるという事実にもかかわらず，海を非常に軽率に扱う人々もいる。彼らは海を廃棄物用のごみ捨て場として使い，環境を破壊し，海の生物を毒で汚染し，海に依存する人々の健康を脅かしている。非常に多くの動植物が狩られたり採集されたりしたため，消滅の危機に瀕している種もある。

❷ 莫大な量の有毒物質が，毎年海へ流れ込んでいる。大きな動物が毒に汚染された，より小さな動物を食べるとき，食物網の中に汚染の構造が形成される可能性がある。主な有毒物質の1つは，石油である。約 390 万トンの石油が，タンカーからの漏出（事故）によって海へ流入する。その他，油田からの漏出，より小さな事故，故意の廃棄による場合もある。

重要語句リスト

❶

□ despite	勔	～にもかかわらず
□ the fact that S V	熟	S が V するという事実
□ ocean	名	大洋，海
□ provide A with B	熟	A に B を供給する
□ energy	名	エネルギー
□ useful	形	役に立つ
□ in many ways	熟	多くの点で
□ treat	動	～を扱う
□ carelessly	副	ぞんざいに，無頓着に
□ use A as B	熟	A を B として使う
□ dumping ground	名	ごみ捨て場
□ waste	名	廃棄物
□ destroy	動	～を破壊する
□ environment	名	環境
□ poison	動	～を毒殺する， ～を毒で汚染する
□ creature	名	生物
□ threaten	動	～を脅かす
□ depend on～	熟	～に依存する
□ plant	名	植物
□ hunt	動	狩る
□ species	名	（生物の）種（しゅ）
□ drive A to the point of B		
	熟	A を B の点まで追いつめる
□ disappearance	名	消滅

❷

□ enormous	形	莫大な
□ quantity	名	量
□ poisonous	形	有毒な
□ substance	名	物質
□ each year	熟	毎年
□ pollution	名	汚染
□ build up	熟	形成される
□ food web	名	食物網
□ million	形	100 万の
□ ton	名	トン（重量の単位）
□ tanker spill	名	タンカーからの漏出(事故)
□ rest	名	残り
□ be due to ～	熟	～によるものである
□ leak	名	漏れること
□ oil field	名	油田
□ accident	名	事故
□ deliberate	形	故意の
□ dumping	名	廃棄

❸ Oil is the biggest cause <of seabird deaths>. It may (also) poison
plankton, fish and shellfish and the animals and people <that eat them>. It
can poison animals <on the seabed>. (When oil washes up (on a shore)), it
coats rocks and sand and kills wildlife <in the area <of the seashore>>.

❹ Litter <in the sea and on beaches> is dangerous. Plastic waste, (for
example), kills two million seabirds, 100,000 mammals and vast numbers of
turtles and fish (each year). Most litter <in the sea> has been thrown (from
ships), but some is washed (into the sea) (from rivers and beaches).

❺ Large amounts of sewage (waste <from toilets and drains>) are (also)
dumped (into the sea). Sewage is 99% water but (also) contains bacteria and
viruses. [Eating fish and shellfish <from sewage-polluted sea water>] can
cause food poisoning. The discharge <of sewage <near areas <that are
used (for swimming, diving and other water sports)>>> can cause other
illnesses.

15

20

25

---

❸ 主節（カンマの後ろ）の S は it [=oil]，V は A [coats 〜] and B [kills 〜] の形。

❹ S kills O each year.「S は毎年 O を殺す」の O が，A [two 〜]，B [100,000 〜] and C [vast 〜] の形になっている。

❺ S can cause O.「S は O を引き起こす可能性がある」の S が長くなっている。The discharge of sewage は「下水の排出＝下水を排出すること」。that 〜 sports は areas を先行詞とする主格の関係詞節。

❸ 石油は，海鳥の死の最大の原因である。石油はまた，プランクトン，魚や貝類，そしてそれらを食べる動物や人間も毒で汚染するかもしれない。海底の動物を毒で汚染することもありうる。石油が海岸に打ち上げられると，岩や砂を覆い，沿岸地域の野生生物を死滅させる。

❹ 海や浜辺のごみは，危険である。例えば廃プラスチックは，200万羽の海鳥，10万匹の哺乳動物，莫大な数のカメや魚を，毎年死亡させている。海のごみのほとんどは船から投げ捨てられたものであるが，川や浜辺から海へ流れ込むごみもある。

❺ 大量の下水（トイレや排水管からの排泄物）もまた，海へ排出される。下水は99％が水であるが，バクテリアやウイルスも含んでいる。下水で汚染された海で獲れた魚や貝類を食べると，食中毒を起こす可能性がある。水泳，ダイビングその他の水上スポーツに利用される領域の近くに下水を排出すれば，他の病気を引き起こす可能性もある。

❸

cause	名	原因
seabird	名	海鳥
death	名	死
plankton	名	プランクトン
shellfish	名	貝類
seabed	名	海底
wash up	熟	（岸などに）打ち上げられる
shore	名	海岸
coat	動	～を覆う
rock	名	岩
sand	名	砂
kill	動	～を殺す
wildlife	名	野生生物
area	名	地域

❹

litter	名	ごみ
beach	名	海岸，浜辺
dangerous	形	危険な
plastic waste	名	廃プラスチック
for example	熟	例えば
mammal	名	哺乳動物
vast	形	莫大な
number	名	数
turtle	名	カメ
most	形	ほとんどの
throw	動	投げ（捨て）る
wash	動	～を押し［洗い］流す

❺

large amount of～	熟	大量の～
sewage	名	下水
toilet	名	トイレ
drain	名	排水管，排水設備
contain	動	～を含む
bacteria	名	バクテリア
virus	名	ウイルス
sewage-polluted	形	下水で汚染された
cause	動	～を引き起こす
food poisoning	名	食中毒
discharge	名	排出
use A for B	熟	AをBのために使う

END　19

Lesson 02
問題文
LEVEL-4

単 語 数 ▶ 297 words
制限時間 ▶ 20 分
目標得点 ▶ 40 / 50点
DATE

■次の英文を読み，あとの設問に答えなさい。

The American (1)diet changed greatly between 1850 and 1950. If you had lived in 1850, you would have eaten meals that were neither tasty nor balanced. The daily diet of most Americans included potatoes, bread, milk, and salted beef or salted pork. (Salted beef and salted pork are meats preserved in salt.)

During most of the year, there was no way to keep (2)dairy products fresh. So you got used to drinking sour milk and eating spoiled butter. (A)Foods that spoiled could not be shipped far, so you could only eat fruits and vegetables that were grown near where you lived. Even then you might not have eaten many fruits and vegetables, because these foods were often considered dangerous to the health.

In the years after 1850, Americans began to eat a more balanced diet. Trains carried fresh foods to the cities in refrigerator (3)cars. Food companies preserved and sold many other foods in cans and jars. Americans soon enjoyed a much more varied and tasty diet.

In the late 1800s, Americans bought their foods in small grocery stores. In the early 1900s, the first supermarket, or large self-service food store, opened. Supermarkets did not (4)catch on at first, but they became popular in the 1930s and 1940s. By 1950 most Americans did their food shopping in supermarkets.

And what a variety of foods the supermarkets of 1950 offered!

Shoppers could choose from hundreds of canned and packaged foods. They could also buy fresh fruits and vegetables nearly (5)all year round. And if shoppers couldn't find a certain fresh vegetable or fruit they
25　wanted, they could probably buy it frozen.

　　The great variety of foods improved the American diet. As a result, Americans of 1950 enjoyed longer and healthier lives than had Americans a hundred years before.

（1） 下線部(1)〜(5)を言い替えるのに最も適切なものを，それぞれの選択肢の
中から1つ選びなさい。

(1) diet

1 conference

2 what one usually eats and drinks

3 health food

4 a course of foods for losing weight

(2) dairy products

1 potatoes and bread **2** beef and pork

3 milk and butter **4** fruits and vegetables

(3) cars

1 freight cars **2** dining cars

3 motor vehicles **4** streetcars

(4) catch on

1 understand **2** become popular

3 become up-to-date **4** come up from behind

(5) all year round

1 in recent years **2** year after year

3 throughout the year **4** many years

（2）　1850年以前の記述に関して，本文の内容と一致するものを，次の選択肢の中から3つ選びなさい。

　1　日常食べる食品の種類が少なかった。

　2　肉類をよりおいしくするため塩漬けにした。

　3　牛乳やバターを発酵させたものが好まれた。

　4　食品を保存する家庭用冷蔵庫がなかった。

　5　果物や野菜は健康によくないと考える人が多かった。

　6　缶詰やびん詰による食品保存が普及していた。

（3）　1850年以後の記述に関して，本文の内容と一致するものを，次の選択肢の中から3つ選びなさい。

　1　Trains began to serve more balanced meals.

　2　Fresh fruits and vegetables were made available to a wider market than before.

　3　It was in the 20th century that people began to buy food in grocery stores.

　4　By 1930 all small neighborhood stores were driven out of business by large supermarkets.

　5　People could choose from fresh, canned, and frozen foods.

　6　The improved diet enabled Americans to live longer than before.

（**4**） 下線部(A)の日本語訳として最も適切なものを，次の選択肢の中から1つ
選びなさい。

1 食品は腐り遠方まで輸送できないので，果物しか食べられず，野菜
は住んでいる地域の近くで作られた。

2 腐った食品は遠方まで輸送できないので，食べられるのは住んでいる
地域の近くで作られた果物や野菜だけであった。

3 腐る食品は遠方まで輸送できないので，住んでいる地域の近くで作
られた果物や野菜しか食べられなかった。

4 遠方まで輸送すると腐りやすい食品である果物はほとんど食べられ
ず，野菜は人々の住む地域の近くでだけ作られた。

（**5**） この英文のタイトルとして最も適切なものを，次の選択肢の中から1つ
選びなさい。

1 How the American Diet Improved

2 The "Supermarketing" of America

3 Eating Well for Better Health

4 Transformation of American Society

解 答 用 紙			
(1)	(1)	(2)	(3)
	(4)	(5)	
(2)		**(3)**	
(4)		**(5)**	

解答・解説

（1）

(1) **食事**
  1 会議
  ② 人が普段食べたり飲んだりするもの
  3 健康食品
  4 やせるための一連の食べ物

(2) **乳製品**
  1 ジャガイモとパン   **2** 牛肉と豚肉
  ③ 牛乳とバター   **4** 果物と野菜

(3) **(列車の) 車両**
  ① 貨物車   **2** 食堂車
  3 自動車   **4** 路面電車
  ▶「冷凍車両＝モノを冷凍しながら**運ぶ車両**」のことを述べている。

(4) **流行する**
  1 理解する   **②** 人気になる
  3 最新式になる   **4** 後ろから上がってくる

(5) **1年中**
  1 近年   **2** 年々
  ③ 1年中   **4** 何年も

（2） 1850年以前のことは**第1段落・第2段落**に書かれている。
  ① 第1段落第2文「味も**バランスも悪い食事を食べていただろう**」と，それ以降の内容から，日常的に食べる食品の種類が少なかったことが推測できる。
  2 第1段落最終文「塩漬け牛肉と塩漬け豚肉は，塩に入れて**保存した肉である**」から，おいしくするためではなく，**保存するため**であったことがわかる。
  3 第2段落第2文に「すっぱいミルクを飲んだり，傷んだバターを食べることに**慣れた**」とあるが，好まれたという記述はない。

④ 第2段落第1文「1年の大部分の間は，乳製品を新鮮に保つ方法がな
かった」，第2段落第3文「傷む食品は**遠くへ輸送**できなかったので
～」などの記述から，家庭用冷蔵庫がなかったと推測できる。

⑤ 第2段落最終文の内容に一致する。

6 第3段落第1文・第3文から，缶詰やびん詰は1850年以降に販売
されたことがわかる。

(3) 1850年以降のことは**第3段落以降**に書かれている。

1 列車で，よりバランスの取れた食事を出し始めた。

→**第3段落**第2文に「列車が新鮮な食品を冷凍車両に載せて都市へ
運んだ」とあるが，列車で食事を出し始めたかどうかについては述べ
られていない。

② 新鮮な果物や野菜が以前より広範囲の市場で出回るようになった。

→**第3段落**第2文「列車が新鮮な食品を冷凍車両に載せて都市へ運
んだ」に一致する。

3 人々が食料品店で食べ物を買い始めたのは20世紀のことだった。

→**第4段落**第1文「**1800年代後期**，アメリカ人は小さな食料品店で
食品を買っていた」に矛盾する。

4 1930年までに，付近にあるすべての小規模な店は，大規模なスーパ
ーマーケットに取って代わられた。

→**第4段落**最終文「**1950年**までに，**ほとんどのアメリカ人が**スーパ
ーマーケットで食品の買い物をするようになった」とあることから，
1930年までにすべての小規模な店が取って代わられたという部分が
不適切。

⑤ 人々は生鮮食品，缶詰，冷凍食品から選ぶことができた。

→**第5段落**第2～最終文の内容に一致する。

⑥ 食事が改善されたおかげで，アメリカ人は以前よりも長生きできるよ
うになった。

→**第6段落**の内容に一致する。

（**4**）　接続詞の so でつながれた長い文なので，**文中のカンマで大きく2文に
分けて考えるとわかりやすい。**

　　（**前の文**）主語は Foods，述語動詞は could not be shipped。that
spoiled は Foods を先行詞とした主格の関係代名詞節。

　　（**後の文**）主語は so 直後の you，述語動詞は could (only) eat。that
were grown near where you lived は fruits and vegetables を先行詞と
した主格の関係代名詞節。where は先行詞 the place が省略された関係
副詞。

　　最後に ....., so S V（..... なので，〔その結果〕S は V する）を意識しな
がら2文をつなげると「傷む食品は遠くへ輸送できなかったので，自分
が住んでいるところの近くで栽培された果物や野菜しか食べられなかっ
た」となり，**3** が正解。

（**5**）　①　アメリカ人の食事はどのように改善されたのか
　　　　2　アメリカの「スーパーマーケット化」
　　　　3　より健康でいるために上手に食べること
　　　　4　アメリカ社会の変化
　▶タイトルやテーマは，**文章全体を通して述べていたことと一致するも
の**を選ぶ。**2** のように，**文章の一部分を取り上げたもの**や，**3** や **4** のよ
うに，**本文の趣旨とずれているもの，話が大きくなりすぎるもの**は，タ
イトルやテーマとして選ぶには不適切である。

Lesson
02

正　解			
（1）(各3点)	(1)　**2**	(2)　**3**	(3)　**1**
	(4)　**2**	(5)　**3**	
（2）(各4点)	**1, 4, 5**	**（3）**(各4点)	**2, 5, 6**
（4）(5点)	**3**	**（5）**(6点)	**1**

得点	（1回目）　／50点	（2回目）	（3回目）	CHECK YOUR LEVEL	0〜30点 ➡ *Work harder!*　31〜40点 ➡ *OK!*　41〜50点 ➡ *Way to go!*

LEVEL-4

[ ]＝名詞　　＝修飾される名詞　＜　＞＝形容詞・同格　（　）＝副詞
S＝主語　V＝動詞　O＝目的語　C＝補語　＇＝従節

❶ The American diet changed (greatly) (between 1850 and 1950). (If you had
　　S　　　　　　　　　V　　　　　　　　　　　　　　　　　　　　　　　　　　　S'　V'
lived (in 1850)), you would have eaten [meals] ＜that were neither tasty nor
V'　　　　　　　　　S　　V　　　　　　　　　O　　　　　　V''　　C''
balanced＞. [The daily diet] ＜of most Americans＞ included potatoes, bread,
　　　　　　　　　S　　　　　　　　　　　　　　　　　　V　　　　　O
milk, and salted beef or salted pork. (Salted beef and salted pork are [meats]
　　　　　　　　　　　　　　　　　　　　　S　　　　　　　　　　　　　　V　　C
＜preserved (in salt)＞.)

❷ (During [most] ＜of the year＞), there was [no way] ＜to keep dairy products
　　　　　　　　　　　　　　　　　　　　V　　S
fresh＞. So you got used to [drinking sour milk] and [eating spoiled butter].
　　　　　　S　　V　　　　　O
[Foods] ＜that spoiled＞ could not be shipped (far), so you could (only) eat [fruits
　S　　　V'　　　　　　　V　　　　　　　　　　　　　　S　　V　　　　　　O
and vegetables] ＜that were grown (near [where you lived])＞. (Even then) you
　　　　　　　　　　V'　　　　　　　　　S''　V''　　　　　　　　　　　　　S
might not have eaten many fruits and vegetables, (because these foods were
V　　　　　　　　　O　　　　　　　　　　　　　　　　　　S'　　　　V'
(often) considered dangerous (to the health)).
　　　　　　　　　　C'

────────── 構文解説 ──────────

❶ If you 〜 1850 は仮定法過去完了を使った「（実際にはそうではないが）もしもあなたが1850
年に生きていたなら」という意味を表す節。that 以下は meals を修飾する関係詞節。neither
A nor B は「A でも B でもない」の意味。

❷ 等位接続詞の so「だから」は２つの文を結び付けている。２つの that は直前の名詞（句）
（Foods と fruits and vegetables）を修飾する関係詞節を作っている。where you lived は
名詞節で，where は the place where の意味。you は一般の人々を指す。

【和訳】

❶ アメリカ人の食事は，1850 年から 1950 年の間に大きく変化した。もしもあなたが 1850 年に生きていたなら，味もバランスも悪い食事を食べていただろう。ほとんどのアメリカ人の毎日の食事には，ジャガイモ，パン，ミルク，塩漬け牛肉または塩漬け豚肉が含まれていた。（塩漬け牛肉と塩漬け豚肉は，塩に入れて保存した肉である。）

❷ 1 年の大部分の間は，乳製品を新鮮に保つ方法がなかった。だから当時の人々は，すっぱいミルクを飲んだり，傷んだバターを食べることに慣れた。腐る食品は遠くへ輸送できなかったので，自分が住んでいるところの近くで栽培された果物や野菜しか食べられなかった。その場合でさえ，これらの食品は健康にとって危険だとしばしば考えられていたため，多くの果物や野菜はあまり食べなかったかもしれない。

重要語句リスト

❶

☐ diet	名	食事
☐ greatly	副	非常に，大いに
☐ between A and B	熟	A と B の間に
☐ meal	名	食事
☐ tasty	形	おいしい
☐ neither A nor B	熟	A でも B でもない
☐ balanced	形	バランスが取れている
☐ daily	形	毎日の
☐ most	形	ほとんどの
☐ include	動	～を含む
☐ salted	形	塩漬けの
☐ beef	名	牛肉
☐ pork	名	豚肉
☐ meat	名	肉
☐ preserve	動	～を保存する
☐ salt	名	塩

❷

☐ during	前	～の間
☐ most of the ～	熟	～の大部分
☐ way	名	方法
☐ keep O C	熟	O を C に保つ
☐ dairy product	名	乳製品
☐ fresh	形	新鮮な
☐ get used to Ving	熟	V することに慣れる
☐ sour	形	すっぱい
☐ spoil	動	だめになる［する］，腐（らせ）る
☐ butter	名	バター
☐ ship	動	～を（船で）輸送する
☐ far	副	遠くへ［で］
☐ fruit	名	果物
☐ vegetable	名	野菜
☐ grown	動	～を栽培する grow-grew-grown
☐ where S V	熟	S が V するところ → where は先行詞 (the place) が省略された関係副詞
☐ even then	熟	その場合でも，それにしても
☐ might have Vpp	熟	V したかもしれない
☐ because S V	接	S が V するので
☐ be considered (to be) C	熟	C であると考えられている
☐ dangerous	形	危険な
☐ health	名	健康

❸ (In ③the years <after 1850>), Americans began [to eat a more balanced
　　　　　　　S　　　　　　　　　V　　　O
diet]. Trains carried fresh foods (to the cities) (in refrigerator cars). Food
　　　S　　V　　　O　　　　　　　　　　　　　　　　　　　　　　S
companies preserved and sold many other foods (in cans and jars). Americans
　　　　　V　　　　　　　　O　　　　　　　　　　　　　　　　　　S
(soon) enjoyed a much more varied and tasty diet.
　　　　V　　　　O

❹ (In the late 1800s), Americans bought their foods (in small grocery stores).
　　　　　　　　　　　　　S　　　V　　　O
(In the early 1900s), ④the first supermarket, <or large self-service food store>,
　　　　　　　　　　S
opened. Supermarkets did not catch on (at first), but they became popular (in
　V　　　S　　　　　V　　　　　　　　　　　　　　S　　V　　C
the 1930s and 1940s). (By 1950) most Americans did their food shopping (in
　　　　　　　　　　　　　　　　S　　　　V　　O
supermarkets).

❺ And what a variety of foods ⑤the supermarkets <of 1950> offered !
　　　　　O　　　　　　　　　　S　　　　　　　　　V
Shoppers could choose (from hundreds of canned and packaged foods). They
　S　　V　　　　　　　　　　　　　　　　　　　　　　　　　　　⑤S
could (also) buy fresh fruits and vegetables ((nearly) all year round). And (if
　V　　　　O
shoppers couldn't find a certain fresh vegetable or fruit <they wanted>), they
　S'　　　V'　　　O'　　　　　　　　　　　　　　　S'　V'　　　　S
could (probably) buy it frozen.
　V　　　　　　O　C

❻ The great variety of foods improved the American diet. (As a result),
　　S　　　　　　　　　V　　　　O　　　　　　　⑥
Americans <of 1950> enjoyed longer and healthier lives (than had
　S　　　　　　　　V　　O　　　　　　　　　　　　　V'
Americans <a hundred years before>).
　S'

....

③副詞句の後ろに SVO の形が置かれている。begin to do は「〜し始める」の意味。

④ A, or B は「A, つまり B」の意味。or 以下は supermarket がどういうものであるかを説明
している。

⑤ And の後ろは if A, B（もし A なら B だ）の形。they wanted は前の名詞（句）を修飾する
関係詞節（前に that [which] が省略されている）。it は a certain 〜 wanted を指す。

⑥ than 以下は，普通の語順なら than Americans a hundred years before had (enjoyed).
となる。比較構文の than や as の後ろでは，長い S' に続く V'（この文の場合は had）が S'
の前に置かれることがある。

❸ 1850 年以降，アメリカ人はよりバランスの取れた食事をし始めた。列車が新鮮な食品を冷凍車両に載せて都市へ運んだ。食品会社は，他の多くの食品を缶詰やびん詰にして保存し販売した。やがてアメリカ人は，以前よりもはるかに多様でおいしい食事を楽しむようになった。

❹ 1800 年代後期，アメリカ人は小さな食料品店で食品を買っていた。1900 年代初期に，最初のスーパーマーケット，つまり大きなセルフサービスの食料品店が開店した。スーパーマーケットは，最初は人気が出なかったが，1930 年代から 40 年代にかけて人気となった。1950 年までに，ほとんどのアメリカ人がスーパーマーケットで食品の買い物をするようになった。

❺ そして，1950 年のスーパーマーケットは，何と多種多様な食品を提供したであろうか。買い物客は，何百種もの缶詰やパック入りの食品の中から選ぶことができた。彼らはまた，ほぼ 1 年中，新鮮な果物や野菜を買うことができた。そして，自分が買いたい特定の新鮮な野菜や果物が見つからなかったとしても，おそらくそれを冷凍したものを買うことができただろう。

❻ 多種多様の食品が，アメリカ人の食事を改善した。その結果，1950 年のアメリカ人は，100 年前のアメリカ人よりも長く健康に生きられるようになった。

❸
☐ begin to V	熟 V し始める
☐ carry	動 ～を運ぶ
☐ refrigerator car	名 冷凍車両
☐ company	名 会社
☐ sold	動 ～を売る
	sell-sold-sold
☐ other	形 他の
☐ can	名 缶
☐ jar	名 びん
☐ much more ... (than～)	
	熟 (～よりも) はるかに…
☐ varied	形 多様な

❹
☐ late	形 後期の
☐ grocery	名 食料品
☐ early	形 初期の
☐ supermarket	名 スーパーマーケット
☐ A ,or B	熟 A すなわち B
	→A と B は同格の関係
☐ self-service	形 セルフサービスの
☐ catch on	熟 流行する
☐ at first	熟 最初は
☐ popular	形 人気がある
☐ by	前 ～までに
☐ do one's shopping	熟 買い物をする

❺
☐ What a ... ～ S V !	熟 S は何と…な～を V する
	のだろう
	→感嘆文
☐ a variety of ～	熟 様々な～
☐ offer	動 ～を提供する
☐ shopper	名 買い物客
☐ choose from ～	熟 ～から選ぶ
☐ hundreds of～	熟 何百もの～
☐ canned food	名 缶詰食品
☐ packaged food	名 パック入り食品
☐ nearly	副 ほとんど
☐ all year round	熟 1 年中
☐ certain ～	形 ある～
☐ probably	副 たぶん
☐ buy O C	熟 O を C の状態で買う
☐ frozen	形 凍った

❻
☐ variety	名 種類，多様性
☐ improve	動 ～を改善する
☐ as a result	熟 その結果
☐ healthier	形 健康的な
	→ healthy の比較級
☐ lives	名 生活
	→ life の複数形
☐ ～before	副 ～以前に，前に

LEVEL-4

Lesson 03
問題文

03

単語数 ▶ 300 words
制限時間 ▶ 20 分
目標得点 ▶ 40 ／50点

DATE

■次の英文を読み，あとの設問に答えなさい。

Every day of our lives we use coins in many different ways. We use them in candy machines and telephone booths, on the bus and in the store. We use coins to buy stamps, food, and all the little things that make our lives more comfortable.

In addition to allowing us to buy things with them, coins are an important reminder of our national heritage. They tell about the liberties and freedoms we cherish. The symbols on them tell us of the long history of our country and of the work and sacrifices of our forefathers.

The American colonists suffered under the burden of having to use many different types of coins from England, Spain, France, Holland, and Germany. The mixture of these coins was confusing, because they did not all have the same value. (A)After the American Revolution, one of the first duties of the new leaders of the United States was to create coins. A law was passed by Congress in 1792 providing for a national coinage and the establishment of the United States Mint* to make coins. (B)The first mint was located in Philadelphia, where copper cents and half cents were first made for public use.

Other laws permitted the building of mints in different cities throughout the country. Today there are three mints that produce our national coinage. They are located in Philadelphia, Denver, and San Francisco. The Philadelphia and Denver mints are open daily for visitors.

Coins are round so they won't wear holes in people's pockets. Centuries ago, coins were carried in pouches with a drawstring around the mouth of the bag. The same string allowed people to tie the moneybag to their belts when clothing didn't have a lot of pockets and women didn't carry purses.

(From *Timed Reading*, edited by Jamestown Publishers)

* mint（造幣局）

（1） 本文の内容と一致するものを，それぞれの選択肢の中から１つ選びなさい。

1 The forefathers in America used coins from （　　　）.

  1 Portugal　　**2** Denmark　　**3** France

2 The mixture of different types of coins was confusing because （　　　）.

  1 they did not have the same value

  2 of the high ranking of each coin

  3 of the difference in appearance

3 The first national mint was started in （　　　）.

  1 the early 1790s　　**2** the late 1790s　　**3** the middle 1790s

4 The place where the first mint was built was （　　　）.

  1 Washington　　**2** Philadelphia　　**3** Holland

5 The first coins were made of （　　　）.

  1 gold　　**2** silver　　**3** copper

6 Now there are three mints in America. One of them is not open for daily visits. That mint is located in （　　　）.

  1 Denver　　**2** San Francisco　　**3** Philadelphia

7　Coins are round so (　　　).

 1 they will take up much space in pockets

 2 there is no need for women to carry purses

 3 they will not damage clothing

(2)　下線部(A), (B)を和訳しなさい。

解　答　用　紙			
(1)	1 2 3 4		
	5 6 7		
(2)	(A)		
	(B)		

解答・解説

(1)

1　アメリカ人の先祖は（　　　）からの硬貨を使っていた。

1 ポルトガル　　　　**2** デンマーク　　　**③** フランス

▶第3段落第1文「アメリカの入植者たちは，イギリス，スペイン，**フランス**，オランダ，ドイツからの多くの異なる種類の硬貨を使わねばならないという負担に苦しんだ」から，3が正解とわかる。

2　（　　　）ので，異なる種類の硬貨が入り交じると混乱した。

① それらは同じ価値を持っていなかった

2 それぞれの硬貨の価値が高い

3 見た目が違う

▶第3段落第2文「これらの硬貨はすべてが同じ**価値**を持つわけではなかったために，入り交じると混乱した」と，**混乱した理由**が述べられているので，1が正解とわかる。

3　最初の国家造幣局は（　　　）に始動した。

① 1790年代初期　　**2** 1790年代後半　　**3** 1790年代中頃

▶第3段落第4文「1つの法律が**1792年**に議会を通過し，国家的な硬貨制度と，貨幣鋳造のための**合衆国造幣局の設立の準備が整えられた**」から，1792年に造幣局が始動したとわかる。

4　最初の造幣局が建てられた場所は（　　　）だった。

1 ワシントン　　　**②** フィラデルフィア　　**3** オランダ

▶第3段落最終文「最初の造幣局は**フィラデルフィア**に設置され〜」とある。

5　最初の硬貨は（　　　）で造られていた。

1 金　　　　　　　**2** 銀　　　　　　　**③** 銅

▶第3段落最終文「最初の造幣局はフィラデルフィアに設置され，そこでは**銅製の1セント硬貨と半セント硬貨**が，国民全体が使えるものとして**初めて造られた**」から，3が正解とわかる。

6　現在，アメリカには造幣局が 3 ヵ所ある。それらの 1 つは日々の来訪者に公開されていない。その造幣局は（　　　）に設置されている。

　1　デンバー　　　　　　**②**　サンフランシスコ　　　**3**　フィラデルフィア

　▶**第 4 段落**最終文「フィラデルフィアとデンバーの造幣局は，**来訪者向けに毎日公開されている**」から，正解は **2** であることがわかる。

7　（　　　）ように，硬貨は丸い。

　1　ポケットの場所をたくさん占有する

　2　女性たちが財布を運ぶ必要がない

　③　衣服を傷つけない

　▶**第 5 段落**第 1 文「硬貨が丸いのは，**人々のポケットがすり切れて穴が開かないようにするためである**」から，硬貨が丸い目的は **3** であることがわかる。

(2)

　(A)　文の主部は one of the first duties of the new leaders of the United States, 述語動詞は was である。to create coins は文の補語として使われている不定詞の名詞的用法であることに注意して訳せばよい。

　(B)　文中の関係副詞の非制限用法「....., where S V」は，カンマの前までを先に訳し，カンマ以降は「......，（そして）そこでは S は V する」のように，**補足説明的に訳す**とよい。

正 解				
(1) (2)(7)各5点 その他各4点	1　**3**	2　**1**	3　**1**	4　**2**
	5　**3**	6　**2**	7　**3**	
(2) (各10点)	(A) アメリカ独立革命後，合衆国の新しい指導者たちの最初の職務の 1 つは，硬貨を造り出すことだった。			
	(B) 最初の造幣局はフィラデルフィアに設置され，そこでは銅製の 1 セント硬貨と半セント硬貨が，国民全体が使えるものとして初めて造られた。			

得点	（1回目） ／50点	（2回目）	（3回目）	CHECK YOUR LEVEL	0〜30点 ➡ *Work harder!* 31〜40点 ➡ *OK!* 41〜50点 ➡ *Way to go!*

❶ (⎿Every day⏌ <of our lives>) we use coins (in many different ways). We use
them (in candy machines and telephone booths, on the bus and in the store).
We use coins (to buy stamps, food, and ⎿all the little things⏌ <that make our
lives more comfortable>).

❷ (In addition to [allowing us to buy things (with them)]), coins are ⎿an
important reminder⏌ <of our national heritage>. They tell (about ⎿the liberties
and freedoms⏌ <we cherish>). ⎿The symbols⏌ <on them> tell us (of ⎿the long
history⏌ <of our country> and of ⎿the work and sacrifices⏌ <of our forefathers>).

❸ The American colonists suffered (under ⎿the burden⏌ <of [having to use
⎿many different types of coins⏌ <from England, Spain, France, Holland, and
Germany>]>). ⎿The mixture⏌ <of these coins> was confusing, (because they
did not (all) have the same value). (After the American Revolution), ⎿one⏌ <of
⎿the first duties⏌ <of ⎿the new leaders⏌ <of the United States>>> was [to create
coins]. ⎿A law⏌ was passed (by Congress (in 1792)) <providing for a national
coinage and ⎿the establishment⏌ <of ⎿the United States Mint⏌ <to make
coins>>>. The first mint was located (in ⎿Philadelphia⏌), <where copper cents
and half cents were (first) made (for public use)>.

・・・・・・・・・・・・・・・・・・構文解説・・・・・・・・・・・・・・・・・・

1 Every ～ lives は副詞句で，S は we。in ～ ways は「～な方法で」の意味の副詞句。

2 文全体は S tell us of A and of B.「S は私たちに A について，また B について語る」の構
造。them は 2 つ前の文中の coins を指す。A・B のそれぞれが X of Y という形になってい
る。

3 副詞句の後ろに S was C.「S は C だった」が続く構造。S は one of the X of Y of Z（Z の
Y の X の 1 つ）という形になっている。C の to create coins は名詞的用法の不定詞。

【和訳】

❶ 毎日の生活で，私たちは多くの違った方法で硬貨を使う。私たちは硬貨をキャンディーの販売機や電話ボックスに入れたり，バスや店で使ったりする。私たちは硬貨を，切手や，食べ物や，私たちの生活をより快適にしてくれるあらゆる小物を買うのに使う。

❷ 硬貨を使えば物が買えるだけでなく，硬貨はわが国の文化的遺産を思い起こさせてくれる大切なものでもある。硬貨は，私たちが大切に思っている自由について語ってくれる。硬貨に刻まれた象徴は，わが国の長い歴史と，先祖の努力と犠牲について私たちに語ってくれる。

❸ アメリカの入植者たちは，イギリス，スペイン，フランス，オランダ，ドイツからの多くの異なる種類の硬貨を使わねばならないという負担に苦しんだ。これらの硬貨はすべてが同じ価値を持つわけではなかったために，入り交じると混乱した。アメリカ独立革命後，合衆国の新しい指導者たちの最初の職務の1つは，硬貨を造り出すことだった。1つの法律が1792年に議会を通過し，国家的な硬貨制度と，貨幣鋳造のための合衆国造幣局の設立の準備が整えられた。最初の造幣局はフィラデルフィアに設置され，そこでは銅製の1セント硬貨と半セント硬貨が，国民全体が使えるものとして初めて造られた。

Lesson **03**

重要語句リスト

❶

lives	⑧ 生活 → life の複数形
coin	⑧ 硬貨
way	⑧ 方法
candy machine	⑧ キャンディーの販売機
telephone booth	⑧ 電話ボックス
stamp	⑧ 切手
make O C	⑩ O を C にする
comfortable	⑱ 快適な

❷

in addition to Ving	⑲ V することに加えて
allow～toV	⑩ ～が V することを許す
with	⑪ ～を使って
important	⑱ 大切な，重要な
reminder	⑧ 思い出させる物〔事，人〕
national	⑱ 国の
heritage	⑧ （受け継がれる文化的，歴史的）遺産
liberty	⑧ 自由
freedom	⑧ 自由
cherish	⑩ ～を大切にする
symbol	⑧ 象徴
tell A of B	⑲ B のことを A に語る
sacrifice	⑧ 犠牲
forefather	⑧ 先祖

❸

colonist	⑧ 入植者
suffer	⑩ 苦しむ
burden	⑧ 負担
have to V	⑲ V しなければならない
Holland	⑧ オランダ
mixture	⑧ 混合
confusing	⑱ 混乱させる
not all	⑲ すべてが ..... というわけではない →部分否定
value	⑧ 価値
the American Revolution	⑧ アメリカ独立革命
duty	⑧ 義務，職務
leader	⑧ 指導者
create	⑩ ～を創造する
law	⑧ 法律
pass	⑩ （法案を）通過させる
Congress	⑧ （米国の）議会
provide for ～	⑲ ～の準備を整える
coinage	⑧ 硬貨制度，硬貨の鋳造
establishment	⑧ 設立
locate	⑩ ～を設置する
Philadelphia	⑧ フィラデルフィア
....., where S V	⑲ .....，そしてそこで S は V する → where は非制限用法の関係副詞
copper	⑱ 銅の
cent	⑧ 1 セント銅貨
for public use	⑲ 一般に〔全国で〕使用するために

❹ <u>Other laws</u> <u>permitted</u> the building <of mints> <in different cities
S   V   O ❹

<throughout the country>>. (Today) there <u>are</u> three mints <that <u>produce</u> <u>our</u>
                                   V   V'   O'

<u>national coinage</u>>. <u>They</u> <u>are located</u> (in Philadelphia, Denver, and San
                            S   V

Francisco). <u>The Philadelphia and Denver mints</u> <u>are</u> <u>open</u> (daily) (for visitors).
                        S   V   C

❺ <u>Coins</u> <u>are</u> <u>round</u> (so <u>they</u> <u>won't wear</u> <u>holes</u> (in people's pockets)).
    S   V   C   S'   V'   O'

(Centuries ago), <u>coins</u> <u>were carried</u> (in pouches <with a drawstring around
                    S   V

the mouth <of the bag>>). <u>The same string</u> <u>allowed</u> <u>people</u> <u>to tie the</u>
                           S ❺   S   V   O   C

<u>moneybag</u> (to their belts) (when <u>clothing</u> <u>didn't have</u> <u>a lot of pockets</u> and
                                    S'   V'   O'

<u>women</u> <u>didn't carry</u> <u>purses</u>).
S'   V'   O'

20

25

---

❹ there are S「S がある」の S が, 先行詞 (three mints) ＋関係詞節 (that ～) の形になって
いる。

❺ S allowed O to do「S は O が～することを可能にした」の後ろに when 以下の副詞節を加
えた形。無生物主語なので,「S のおかげで O は～できた」と訳すこともできる。when 節中
で, and は 2 つの S' V' O' を結び付けている。

❹ 他のいくつかの法律により，全国の様々な都市に造幣局を建設することが許可された。今日では，わが国の硬貨を造り出す造幣局は3ヵ所ある。それらは，フィラデルフィア，デンバー，サンフランシスコにある。フィラデルフィアとデンバーの造幣局は，来訪者向けに毎日公開されている。

❺ 硬貨が丸いのは，人々のポケットがすり切れて穴が開かないようにするためである。2，3世紀前には，硬貨は袋の口のまわりに繰りひものついた小銭入れに入れて持ち運ばれた。衣類に多くのポケットがなかったり，女性がハンドバッグを持ち歩かなかった際，同じひもが財布をベルトに結び付けるのに役立った。

❹

☐ other	形	他の
☐ permit	動	～を許可する
☐ throughout	前	～のあらゆる場所に，至るところで
☐ produce	動	～を生産する
☐ Denver	名	デンバー
☐ daily	副	毎日
☐ visitor	名	訪問者，来客

❺

☐ round	形	丸い
☐ so (that) S won't V	熟	S が V しないように
☐ wear	動	(穴などを) 作る
☐ hole	名	穴
☐ pocket	名	ポケット
☐ century	名	世紀
☐ carry	動	～を持ち運ぶ
☐ pouch	名	小袋，小銭入れ
☐ drawstring	名	繰りひも，引き締めひも
☐ mouth	名	(容器などの) 口
☐ string	名	ひも
☐ tie A to B	熟	A を B に結びつける
☐ moneybag	名	財布
☐ belt	名	ベルト
☐ clothing	名	衣類
☐ purse	名	ハンドバッグ，小銭入れ

END　43

LEVEL-4

Lesson 04
問題文

単語数 ▶ 306 words
制限時間 ▶ 20 分
目標得点 ▶ 40 ／50点

DATE

■次の英文を読み，あとの設問に答えなさい。

(A)Doctors say the most effective way to prevent the spread of disease is for people to wash their hands with soap and water. There are programs around the world to increase hand-washing with soap. One-million lives could be saved each year if people washed their hands with soap often.

Hand-washing kills germs* from other people, animals or objects a person has touched. When people get bacteria* on their hands, they can infect* themselves by touching their eyes, nose or mouth. Then these people can infect other people. The easiest way to catch a cold is to touch your nose or eyes after someone nearby has sneezed or coughed. Another way to become sick is to eat food prepared by someone whose hands are not clean.

Hand-washing is especially important before and after preparing food, before eating, and after using the toilet. People should wash their hands after handling animals and after cleaning a baby. Doctors say it is also a good idea to wash your hands after handling money and after sneezing or coughing. It is important to wash your hands often when someone in your home is sick.

The most effective way to wash your hands is to rub them together after putting soap and warm water on them. Doctors say you do not have to use special anti-bacterial* soap. Be sure to rub all areas of the hands for about ten to fifteen seconds. The soap and the rubbing action remove germs. Rinse the hands with water and dry them.

People using public restrooms should dry their hands with a paper towel and use the towel to turn off the water. Doctors also advise using the paper towel to open the restroom door before throwing the towel away in order to help you avoid getting the germs of people who did not wash well.

*　germ（病原菌）　　　　bacteria（ばい菌）
　　infect（〜を感染させる）　　　anti-bacterial（抗菌性の）

設問

（1）　本文の内容と一致するものを，次の選択肢の中から5つ選びなさい。

1 Washing your hands is an effective way to spread disease.

2 There are programs around the world to prevent people from washing their hands with soap and water.

3 If people washed their hands with soap often, one-million lives could be saved each year.

4 Hand-washing can prevent disease by killing germs.

5 People never infect themselves by touching their eyes, nose or mouth.

6 Touching your nose or eyes after someone nearby has sneezed or coughed can cause you to catch a cold.

7 It is important to wash your hands before preparing food but not after.

8 Handling animals and cleaning babies is a good way to keep your hands clean.

9 When someone in your home is sick, it is always because they have handled money after sneezing or coughing.

10 Rubbing your hands together after putting soap and warm water on them is the most effective way to wash your hands.

11 Doctors say that it is important to use special anti-bacterial soap.

12 You should rinse hands with very hot water before rubbing them for about ten to fifteen seconds.

13 There are many germs on paper towels in public restrooms, so you should not turn off the water with them.

14 Doctors also advise people not to use public restrooms.

15 Opening a public restroom door with the towel you used to dry your hands can help you avoid getting germs on your hands.

（2）　下線部(A)を和訳しなさい。

解　答　用　紙	
（1）	
（2）	

解答・解説

(1) **1** 手を洗うことは，病気を広げるのに効果的な方法である。

→**第1段落第1文**「病気の**拡大を防ぐための最も効果的な方法**は，人々が石けんと水で手を洗うことである」に矛盾する。

2 人々が手を石けんと水で洗うのを妨げる計画が世界中にある。

→**第1段落第2文**「石けんでの手洗いを**広めようとする計画**が世界中にある」に矛盾する。

③ もし人々が頻繁に石けんで手を洗えば，毎年100万人の命を救えるだろう。

→**第1段落最終文**に一致する。

④ 手洗いは病原菌を殺すことによって病気を防ぐことができる。

→**第2段落**全体の内容に一致する。

5 人々は自分たちの目や鼻や口をさわることによって，決して自分自身を感染させることはない。

→**第2段落第2文**「手にばい菌が付くと，目や鼻や口をさわることによって，**自分自身を感染させることがある**」に矛盾する。

⑥ 近くにいる人がくしゃみや咳をした後で自分の鼻や目をさわることによって，あなたは風邪をひくことがある。

→**第2段落第4文**の内容に一致する。

7 食べ物の用意をした後ではなくて用意をする前に，手を洗うことが大切である。

→**第3段落第1文**「**食べ物の用意をする前後**，食べる前，トイレを使った後は，手洗いが特に大切である」に矛盾する。

8 動物に触れたり，赤ん坊の体をきれいにしたりすることは，手を清潔に保つよい方法である。

→**第3段落第2文**に「動物に触れたり，赤ん坊の体をきれいにしたりした後は，**手を洗う方が良い**」とあるので，**手を清潔に保つよい方法ではない**ことがわかる。

9 家族の誰かが病気ならば，それはその人がくしゃみや咳をした後に，お金にさわるのが常に原因である。

→**本文にこのような記述はない。第3段落**第3～最終文に「someone in your home is sick」「handling money」「sneezing or coughing」

という，設問文と似た語句があるが，惑わされないように注意。

⑩ 石けんと温水を手につけた後で手をこすり合わせることは，手を洗う最も効果的な方法である。

→**第4段落**第1文に一致する。

11 特別な抗菌石けんを使うのが大切だと医者たちは言う。

→**第4段落**第2文「特別な抗菌石けんを**使う必要はない**，と医者たちは言う」に矛盾する。

12 約10秒から15秒間，手をこする前にとても熱いお湯で手を洗うべきだ。

→**第4段落**第1文・第3文から，「**石けんと温水を手につけてから，手の全面を，約10秒から15秒間こすり合わせる**」ことがわかる。

13 公衆トイレのペーパータオルにはたくさんの細菌がいるので，それらで水の栓を止めるべきではない。

→**第5段落**第1文「公衆トイレを使う人は，ペーパータオルで手を乾かし，**水の栓を止めるのにそのタオルを使う方が良い**」に矛盾する。

14 医者たちはまた，人々に公衆トイレを使わないようにとも勧めている。

→**第5段落**で，医者たちが公衆トイレを使用する際のアドバイスをしているので，**使わないように勧めているのではない**と判断できる。

⑮ 自分の手を乾かすのに使ったタオルで公衆トイレのドアを開けることで，手に病原菌がつかないようにするのに役立つ。

→**第5段落**最終文に一致する。

（2） 文に動詞が2つ（say, is）あるので，接続詞 that が say の後に省略されていると考えられる。また，重要表現 the way to V（V する方法）や，補語となっている不定詞の名詞的用法に，意味上の主語がついた形 for ～ to V（～が V すること）に注意して訳せばよい。

正 解		
（1）（各8点）	**3, 4, 6, 10, 15**	
（2）（10点）	病気の拡大を防ぐための最も効果的な方法は，人々が石けんと水で手を洗うことである，と医者たちは言う。	

得点	（1回目） ／50点	（2回目）	（3回目）	CHECK YOUR LEVEL	0～30点 ➡ *Work harder!* 31～40点 ➡ *OK!* 41～50点 ➡ *Way to go!*

[　]=名詞　▢=修飾される名詞　< >=形容詞・同格　( )=副詞
S=主語　V=動詞　O=目的語　C=補語　'=従節

❶ Doctors say [[the most effective way] <to prevent [the spread] <of disease>>
　　S　　　V　　　O　　　

is [for people to wash their hands (with soap and water)]]. There are

[programs] (around the world) <to increase [hand-washing] <with soap>>.

One-million lives could be saved (each year) (if people washed their hands
(with soap) (often)).

❷ Hand-washing kills [germs] <from other people, animals or [objects] <a

person has touched>>. (When people get bacteria (on their hands)), they can

infect themselves (by [touching their eyes, nose or mouth]). (Then) these

people can infect other people. [The easiest way] <to catch a cold> is [to touch

your nose or eyes (after [someone] <nearby> has sneezed or coughed)].

❷ [Another way] <to become sick> is [to eat [food] <prepared (by [someone]

<whose hands are not clean>)>].

───────── 構文解説 ─────────

❶ Doctors say (that) 〜「医者は〜と言う」に続く節中は，S is for people to do.「Sは人々が〜することだ」という形（for people は不定詞の意味上の主語）。Sに含まれる to prevent 〜 disease は，前の the most effective way「最も効果的な方法」を修飾する形容詞的用法の不定詞。

❷ 文全体は，S is C.「SはCだ」の構造。to become sick は前の another way を修飾する形容詞的用法の不定詞。to eat はCの働きをする名詞的用法の不定詞。prepared「用意された」は過去分詞で，prepared 以下は前の food を修飾する。whose 以下は前の someone を修飾する。

【和訳】

❶ 病気の拡大を防ぐための最も効果的な方法は，人々が石けんと水で手を洗うことである，と医者たちは言う。石けんでの手洗いを広めようとする計画が世界中にある。もし人々が頻繁に石けんで手を洗えば，毎年 100 万人の命が救えるだろう。

❷ 手洗いは，他の人や動物，あるいは人が触れたものから移る病原菌を殺す。手にばい菌が付くと，目や鼻や口をさわることによって，自分自身を感染させることがある。さらにこうした人々が，他の人々を感染させることがある。風邪をひく最も簡単な方法は，近くにいる人がくしゃみや咳をした後で，自分の鼻や目をさわることである。病気になるもう１つの方法は，手が清潔でない人によって用意された食べ物を食べることである。

重要語句リスト

❶

□ effective	形	効果的な
□ way	名	方法
□ prevent	動	～を防ぐ
□ spread	名	拡大，広まること
□ disease	名	病気
□ for ～ to V	熟	～が V すること
		→意味上の主語＋
		名詞的用法の不定詞
□ with	前	～を使って
□ soap	名	石けん
□ program	名	計画
□ increase	動	～を増やす
□ hand-washing	名	手洗い
□ million	形	100 万の
□ lives	名	命
		→ life の複数形
□ save	動	～を救う
□ each year	熟	毎年

❷

□ kill	動	～を殺す
□ germ	名	病原菌
□ other	形	他の
□ object	名	物体，物
□ person	名	人
□ touch	動	～に触れる
□ bacteria	名	ばい菌
□ infect	動	～を感染させる
□ eye	名	目
□ nose	名	鼻
□ mouth	名	口
□ catch a cold	熟	風邪をひく
□ nearby	形	近くの
□ sneeze	動	くしゃみをする
□ cough	動	咳をする
□ another	形	別の，もう１つの
□ become sick	熟	病気になる
□ prepare	動	～を用意する
□ clean	形	清潔な
	動	～をきれいにする

❸ Hand-washing is (especially) important (before and after [preparing food]),
(before [eating]), and (after [using the toilet]). People should wash their hands
(after [handling animals]) and (after [cleaning a baby]). Doctors say [it is (also)
a good idea [to wash your hands (after [handling money]) and (after [sneezing
or coughing])]]. It is important [to wash your hands (often)] (when someone
<in your home> is sick).

15

❹ The most effective way <to wash your hands> is [to rub them (together)]
(after [putting soap and warm water (on them)])]. Doctors say [you do not
have to use special anti-bacterial soap]. Be sure to rub all areas <of the
hands> (for about ten to fifteen seconds). The soap and the rubbing action
remove germs. Rinse the hands (with water) and dry them.

20

❺ People <using public restrooms> should dry their hands (with a paper
towel) and use the towel (to turn off the water). Doctors (also) advise [using
the paper towel (to open the restroom door) (before throwing the towel away)
(in order to help you avoid [getting the germs <of people <who did not
wash (well)>>])].

25

---

❸ it は後ろの不定詞を指す形式主語。and は after handling money と after sneezing or coughing
を結び付けている。

❹ 文全体は S is C.「S は C だ」の構造。to wash は前の名詞を修飾する形容詞的用法の不定
詞。to rub は C の働きをする名詞的用法の不定詞。2 つの them は your hands を指す。

❺ advise 〜 ing は「〜することを助言する」の意味。to open と in order to help は目的を表
す副詞的用法の不定詞。help O avoid 〜 ing は「O が〜するのを避けることに役立つ」の
意味。who 以下は people を修飾する関係詞節。

❸ 食べ物の用意をする前後，食べる前，トイレを使った後は，手洗いが特に大切である。動物に触れたり，赤ん坊の体をきれいにしたりした後は，手を洗う方が良い。お金にさわった後や，くしゃみや咳をした後に手を洗うのもよい考えだ，と医者たちは言う。家族の誰かが病気のときは，頻繁に手を洗うことが大切である。

❹ 手を洗う最も効果的な方法は，石けんと温水を手につけてから，手をこすり合わせることである。特別な抗菌石けんを使う必要はない，と医者たちは言う。必ず手の全面を，約 10 秒から 15 秒間こすり合わせなさい。石けんとこする動作が，病原菌を取り除く。水で手をすすぎ，乾かしなさい。

❺ 公衆トイレを使う人は，ペーパータオルで手を乾かし，水の栓を止めるのにそのタオルを使う方が良い。よく洗わなかった人の病原菌が移るのを避けるのに役立つよう，捨てる前にそのペーパータオルを使ってトイレのドアを開けることも，医者たちは勧めている。

Lesson
04

❸

☐ especially	副	特に
☐ important	形	大切な，重要な
☐ toilet	名	トイレ
☐ handle	動	～に手を触れる
☐ baby	名	赤ん坊
☐ idea	名	考え

❹

☐ rub	動	～をこする
☐ put A on B	熟	A を B につける
		［付着させる］
☐ warm	形	温かい
☐ special	形	特別な
☐ anti-bacterial	形	抗菌性の
☐ be sure to V	熟	必ず V する
☐ area	名	範囲，部分
☐ second	名	秒
☐ action	名	動作
☐ remove	動	～を取り除く
☐ rinse	動	～を流水で洗う
☐ dry	動	～を乾かす

❺

☐ public restroom	名	公衆トイレ
☐ paper towel	名	ペーパータオル
☐ turn off ～	熟	～を止める
☐ advise	動	～を勧める，～を忠告する
☐ throw ～ away	熟	～を捨てる
☐ in order to V	熟	V するために
☐ help ～ V	熟	～が V するのに役立つ
☐ avoid Ving	熟	V するのを避ける
☐ well	副	よく，十分に

Please teach me, teacher!

Q 時間内にすべての問題が解き終わりません。
どう対策したらよいのでしょうか。

A 大学入試の長文読解においてよく「速読」という言葉が使われますが，実は，大学入試で求められるのは，真の意味での速読ではありません。本物の速読とは，1分間で500ワード（およそ3ページ分の英文）を読むといったような，音声で読む速度をはるかに超えたもののことを指しています。

　しかし，様々な大学の入試問題を見ても，このような速度で読まなければ解答できないような問題はあまりありません。いくら量が多いとはいっても，大学入試では1分間に90ワード程度の英文を，ゆっくりと声に出して読む速度で読めれば必ず時間内に終わる問題が多いのです。つまり皆さんは，1分間で90ワード程度の英文を普通に音読する速度で英文が読める訓練をすればよいということになります。

　時間内に問題が終わらないのには様々な理由がありますが，その1つの理由として設問を解くのに何度も英文を参照せねばならず，手間取ってしまうということがあると思います。そんな皆さんへの処方箋は，自分が受ける大学の過去問をよく研究し，先に設問に目を通すことによって，あらかじめ，出題者がどのようなことを求めているのかを把握してから本文を読むという習慣をつけることです。

　例えば，「作者はどの地域の出身ですか？」というような設問があったとしましょう。これを長文が読み終わったあとに探すのは大変時間がかかりますが，読みながら，見つかった時にチェックしていくようにすればその時間を短縮することができます。

　このように，時間内に問題が解き終わらない人は，英文を読む速度を音読してわかる速度にまでもっていくことと同時に，試験時間内に行っている様々な無駄を省いて合理化をすることで，解答時間を短縮していけばよいのです。

LV4
STAGE-2

Lesson 05
問題文

単語数 ▶ 322 words
制限時間 ▶ 20 分
目標得点 ▶ 40 / 50点

DATE

■次の英文を読み，あとの設問に答えなさい。

Among educated families, the eighteenth-birthday celebrations are now often followed by the 'gap year', a more extended changeover period between school and university, in which it is a custom for young people to spend some months travelling abroad, and involving some kind of charity work (helping Peruvian villagers to build a school, working in a Romanian children's home, digging for water sources, saving a rainforest, etc.), generally seeing the Real World, and having meaningful, character-building experiences. The gap-year trip is seen as some sort of teenage challenge — a less (a)demanding version of the practice in some non-industrialised societies of sending young males off into the jungle for a time to endure a few pains and earn the official right to belong to adult society.

Gap-year travellers are expected to come back (b)transformed into mature, socially aware, reliable adults, ready to take on the enormous challenge and responsibility of living in a university residence hall, doing their own laundry and occasionally having to open a can of beans when they come home late to find that the cafeteria is closed. First-year university students who have 'done a gap-year' regard themselves as superior to those who have come 'straight from school', as more grown-up and knowledgeable about the world. They have a tendency to talk in a self-satisfied way about how much older they feel, compared to their

(c) <u>immature</u>, silly, 'un-gap-yeared' fellow students.

　　In some less (d) <u>privileged</u> sections of English society, time spent in prison at about the same age is regarded as having a similar, character-building, or maturing, effect: those who have been through this kind of experience often display much the same sense of superiority over those of their friends who have not been locked up. (　1　), if you ignore differences in their ways of speaking, the similarities in the talk and behaviour of those who have been in prison and those who have been gap-yeared are quite remarkable.

（**1**）　下線部(a)～(d)の意味として最も適切なものを，次の選択肢の中から１つ
選びなさい。

(a)　demanding

1　confusing　　　　　**2**　entertaining

3　exciting　　　　　　**4**　stressful

(b)　transformed

1　changed　　　　　　**2**　exchanged

3　mixed　　　　　　　**4**　translated

(c)　immature

1　childish　　　　　　**2**　lazy

3　responsible　　　　　**4**　uneducated

(d)　privileged

1　economical　　　　　**2**　fortunate

3　trusted　　　　　　　**4**　unhappy

（**2**）　（　1　）に当てはまる最も適切なものを，第３段落全体の内容から判断
し，次の選択肢の中から１つ選びなさい。

1　In total　　　　　　　**2**　In fact

3　However　　　　　　　**4**　Nevertheless

（**3**）　第１段落の内容と一致するものを，次の選択肢の中から１つ選びなさい。

1　Families are increasingly being taught about the benefits of
taking a gap-year in the years leading up to their child's
eighteenth birthday.

2　Young people are becoming used to transferring to universities that permit them to travel overseas if they do volunteer work, in Peru or Romania for example.

3 The gap-year offers teenagers a variety of benefits, including an opportunity to see more of the world and to develop into more mature human beings.

4 Teenagers who take part in such a trip are often expected to practise their skills with boys from the jungle, even though it may cause them less pain.

（4）　第2段落の内容と一致するものを，次の選択肢の中から2つ選びなさい。

1 It is believed that, on their return, gap-year travellers will behave in a more grown-up and responsible fashion, and will display greater maturity than they did previously.

2 In spite of the huge challenges facing students that live in residence halls it is sometimes necessary to open a can of beans late at night in order to keep the cafeteria closed.

3 In their first year at university, students that have missed going on a gap-year trip are generally considered superior by those that have not come directly from school.

4 The more grown-up others consider them to be, the more chance students have of being able to understand their world.

5 First year students that have done a gap-year judge themselves to be relatively mature and sensible as compared to their fellow students who have not had similar experience of travelling.

（5） 第3段落の内容と一致するものを，次の選択肢の中から1つ選びなさい。

1 In some other sections of English society, being sent to prison as a teenager is thought to have an effect on character development very similar to that of a gap year.

2 University graduates who have also ended up in prison present themselves as superior to other prisoners, as well as to their friends that have not been to jail.

3 It is easy to spot the incredible differences in prisoners' behaviour once you stop paying attention to how they speak.

4 Except for what they say and how they say it, the behaviour of former prisoners and 'gap-yeared' students is remarkably different.

解 答 用 紙			
(1)	(a) (b)	(c)	(d)
(2)		**(3)**	
(4)		**(5)**	

解答・解説

(1)

(a) きつい

1 困惑させるような **2** 面白い

3 興奮させる **④** ストレスの多い

▶下線部は，直前の「ティーンエイジャーの試練」を説明する文の一部である。ヒントは文の後半にある to endure 以降。「少しの苦痛に耐えて大人の社会の一員になるための公認の権利を得るために」より，社会人としての苦痛［＝ストレス］の話をしていることがわかる。**1** と **4** がネガティブな意味合いの単語だが，上記のような文脈から **4** が正解とわかる。

(b) 動詞 transform「〜を一変させる」の過去分詞形（分詞構文）

① 動詞 change「〜を変える」の過去分詞形

2 動詞 exchange「〜を交換する」の過去分詞形

3 動詞 mix「〜を混ぜる」の過去分詞形

4 動詞 translate「〜を翻訳する」の過去分詞形

▶ transform（〜を一変させる）に最も意味が近いのは change（〜を変える）なので，**1** が正解。

(c) 子供っぽい

① 子供っぽい **2** 怠惰な

3 責任がある **4** 無教養な

▶ immature（子供っぽい）に最も意味が近いのは childish（子供っぽい）なので，**1** が正解。

(d) 特権のある

1 経済的な **2** 運のよい

③ 信頼されている **4** 不幸な

▶ privileged（特権のある）に最も意味が近いのは trusted（信用されている）なので，**3** が正解。

（2） **1** 合計で **②** 実際

3 しかしながら **4** それにもかかわらず

▶空所の前では，同じくらいの年齢で服役した人と，ギャップ・イヤーを経験した人の共通性について書かれており，空所のあとでは，彼らの具体的な類似点が書かれている。よって，前の記述に説明を付け加える際に使うことができる In fact が適切。

（3） **1** 家族は，子供の 18 歳の誕生日までの数年の間にギャップ・イヤーをする利点についてますます多く教えられている。

→**第 1 段落**第 1 文「教養のある家族の間では今，18 歳の誕生日のお祝いのあとに，しばしば『ギャップ・イヤー』が行われる」から，ギャップ・イヤーは 18 歳の誕生日までの数年の間ではなく，お祝いのあとにするものだとわかる。

2 若者は，例えばペルーやルーマニアでボランティアワークをする場合には海外へ旅をすることを許可してくれる大学に転校することに慣れつつある。

→**第 1 段落**第 1 文「高校と大学の間の移行期間で，若者が数カ月海外を旅し，ちょっとした慈善活動〜」とあるが，大学に転校することに慣れつつあるとは述べられていない。

③ ギャップ・イヤーはティーンエイジャーに，世界のより多くを見て，より成熟した人間へと成長する機会などを含む，様々な利益をもたらす。

→**第 1 段落**第 1 文の後半の内容をまとめたような記述になっていて，本文に一致する。

4 そのような旅に参加するティーンエイジャーは大抵，彼らにはより少ない苦痛しか生じないかもしれないにもかかわらず，彼らの技能をジャングル出身の少年たちと実践することを期待される。

→**第 1 段落**最終文「若い男性を少しの間ジャングルに送り出すという慣習のよりきつくない版である」とあるが，実際にジャングルへ送り出すことは述べられていない。

（4）① ギャップ・イヤーの旅人たちは，帰るとすぐに，より成長して責任がある方法で振る舞い，以前よりもはるかにすぐれた成熟性を表すと信じられている。

→**第2段落**第1文に一致する。

② 学生寮に住む生徒には，直面する莫大な試練があるにもかかわらず，カフェテリアを閉まったままにしておくために，時には夜遅くに豆の缶詰を開ける必要がある。

→**第2段落**第1文「カフェテリアが閉まっているとわかり～」とあるが，カフェテリアを閉まったままにしておくとは述べられていない。

③ 大学の1年目では，ギャップ・イヤーの旅に行く機会を逃した学生は一般的に，高校から直接（大学へと）来なかった学生からすぐれているとみなされる。

→**第2段落**第2文「『ギャップ・イヤーを経験した』大学1年生は，彼ら自身を『高校からすぐに』来た人たちよりも～」から，ギャップ・イヤーの旅に行く機会を逃した学生がすぐれているとみなされるのではなく，ギャップ・イヤーを経験した人たちが彼ら自身をすぐれているとみなしているとわかる。

④ 学生は，他の人から成長しているとみなされるほど，世界を理解することができるより多くの機会を得ることができる。

→このような記述はない。

⑤ ギャップ・イヤーを経験した1年生は，自分たちのことを，同じような旅の経験がない仲間の学生たちと比べて，比較的成長していて分別があると判断している。

→**第2段落**第2文に一致する。

（5）① イングランド社会の他のグループでは，ティーンエイジャーのときに刑務所へと送られることは，人格の形成において，ギャップ・イヤーの旅に行くのととても似た影響をもたらすと考えられている。

→**第3段落**第1文に一致する。**第3段落**にはティーンエイジャーという言葉は出てこないが，「the same age ＝ ティーンエイジャー」である点に注意。

2 大学を卒業して刑務所にも入った人は，他の受刑者や刑務所に入ったことのない友人に，自分の方がすぐれているように見せる。

→**第3段落**第1文「しばしば刑務所に入れられたことがない彼らの友人に対して〜」から，他の受刑者について述べられていないことがわかる。また，「大学を卒業して刑務所に入った人」についても述べられていない。

3 彼らの話し方に注目するのをやめれば，受刑者たちの間の振る舞いの信じられない違いを見つけることは簡単だ。

→**第3段落**最終文「実際，彼らの話し方の違いを無視すれば〜」から，受刑者たちの間ではなく，刑務所を経験した人たちとギャップ・イヤーを経験した人たちの間だとわかる。

4 彼らの話すことと話し方を除いては，以前服役していた人たちとギャップ・イヤーを経験した学生の振る舞いは著しく異なっている。

→**第3段落**最終文より，振る舞いの違いではなく，類似性だとわかる。

Lesson
05

正　解			
（1）(各5点)　(a)　**4**	(b)　**1**	(c)　**1**	(d)　**3**
（2）(7点)　**2**		**（3）**(7点)　**3**	
（4）(9点)　**1, 5**		**（5）**(7点)　**1**	

得点	（1回目） ／50点	（2回目）	（3回目）	CHECK YOUR LEVEL	0〜30点 ➡ *Work harder!* 31〜40点 ➡ *OK!* 41〜50点 ➡ *Way to go!*

構造確認

[ ]＝名詞　☐＝修飾される名詞　＜　＞＝形容詞・同格　（　）＝副詞
S＝主語　V＝動詞　O＝目的語　C＝補語　′＝従節

❶ (Among educated families), the eighteenth-birthday celebrations are (now) (often) followed (by [the 'gap year']), <a more extended changeover period <between school and university>, <in which it is a custom (for young people) [to spend some months travelling abroad, and involving some kind of charity work (helping Peruvian villagers to build a school, working in a Romanian children's home, digging for water sources, saving a rainforest, etc.), generally seeing the Real World, and having meaningful, character-building experiences]>>. The gap-year trip is seen as some sort of teenage challenge — <a less demanding version of the practice <in some non-industrialised societies <of sending young males off into the jungle (for a time) (to endure a few pains and earn the official right <to belong to adult society>)>>>.

─────────構文解説─────────

❶ 文の骨子は A are followed by B.「A は B に従われる，A に続いて B が来る」。a more 以下は the 'gap year' を言い換えたもの。in which の先行詞の中心的な語は period で，「その期間内には〜」ということ。it is a custom for A to do は「A が〜することは習慣である，A は〜する習慣がある」の意味（it は形式主語）。helping 〜 etc. は charity work の具体例。

【和訳】

❶ 教養のある家族の間では今, 18歳の誕生日のお祝いのあとに, しばしば「ギャップ・イヤー」が行われる。ギャップ・イヤーとは高校と大学の間の移行期間で, 若者が数カ月海外を旅し, ちょっとした慈善活動（ペルーの村人が学校を建てるのを手伝う, ルーマニアの養護施設で働く, 水源を探して地面を掘る, 熱帯雨林を守るなど）に参加する。一般的には, 本物の世界を見て知り, 有意義で, 人格を形成する経験をすることである。ギャップ・イヤーの旅行はある種のティーンエイジャーの試練と考えられている。つまり産業化されていない社会で, 少しの苦痛に耐えて大人の社会の一員になるための公認の権利を得るために, 若い男性を少しの間ジャングルに送り出すという慣習のよりきつくない版である。

重要語句リスト

❶

among	前	～の間で
educated	形	教養のある
follow	動	～の後に起こる
gap year	名	ギャップ・イヤー
more extended	形	より延長された
		→形容詞 extended 「延長された」の比較級
changeover	名	移行
between A and B	熟	A と B の間に
university	名	大学
custom	名	慣行
spend O Ving	熟	V して O（の時間）を過ごす
abroad	副	外国へ
involve	動	～を参加させる
some kind of	熟	ちょっとした
charity work	名	慈善活動
help O (to) V	熟	O が V するのを手伝う
Peruvian	形	ペルーの
villager	名	村人
Romanian	形	ルーマニアの
children's home	名	養護施設
dig for	熟	～を探して地面を掘る
source	名	源
rainforest	名	熱帯雨林
etc.	熟	～など
generally	副	一般的に
meaningful	形	有意義な
character-building	形	人格を形成する
experience	名	経験
gap-year	形	ギャップ・イヤーの
see O as ～	熟	O を～と考える
sort of	熟	ある種の～
teenage	形	ティーンエイジャーの
challenge	名	試練
less ...	副	より…でなく
demanding	形	きつい
version	名	版
practice	名	慣行
non-industrialised	形	（英）産業化されていない =non-industrialized
society	名	社会
send off	熟	～を送り出す
male	名	男性
jungle	名	ジャングル
for a time	熟	少しの間
endure	動	～に耐える
a few	熟	少しの
pain	名	苦痛
earn	動	～を得る
official	形	公認の
right	名	権利
belong to	熟	～の一員となる
adult	形	大人の

❷ <u>Gap-year travellers</u> <u>are expected</u> <u>to come back</u> (transformed into mature,
　S　　　　　　　　　　　　V　　　　　　C

socially aware, reliable adults, ready to take on the enormous challenge and

responsibility of living in a university residence hall, doing their own laundry

and occasionally having to open a can of beans (when <u>they</u> <u>come home</u> (late)
　　　　　　　　　　　　　　　　　　　　　　　　　　　　S'　　V'

(to find [that <u>the cafeteria</u> <u>is</u> <u>closed</u>]))). <u>First-year university students</u> <who
　　　　　　　S'　　　　　　V'　C'　　　　　　　　S

<u>have</u> '<u>done</u> <u>a gap-year</u>'> <u>regard</u> <u>themselves</u> as <u>superior</u> (to <u>those</u> <who <u>have</u>
V'　　　　O'　　　　　　V　　O　　　　　C①　　　　　　　　　V'

<u>come</u> ('straight from school')>, as <u>more grown-up and knowledgeable about</u>
　　　　　　　　　　　　　　　　　　　C②

the world. <u>They</u> <u>have</u> <u>a tendency</u> <to talk (in a self-satisfied way) (about [how
　　　　　S　　V　　O

much older <u>they</u> <u>feel</u>, (compared to their immature, silly, 'un-gap-yeared' fellow
　　　　　　S'　　V'

students)])>.

❸ (In <u>some less privileged sections</u> <of English society>), <u>time</u> <spent (in
　　　　　　　　　　　　　　　　　　　　　　　　　　　　　　　S

prison) (at about the same age)> <u>is regarded</u> as <u>having a similar, character-</u>
　　　　　　　　　　　　　　　　　V　　　　　C

<u>building, or maturing, effect:</u> <u>those</u> <who <u>have been</u> (through this kind of
　　　　　　　　　　　　　　　S　　　　　V'

experience)> (often) <u>display</u> <u>much the same sense of superiority</u> (over <u>those</u>
　　　　　　　　　　V　　　　O

<u>of their friends</u> <who <u>have not been locked up</u>>). (In fact), (if <u>you</u> <u>ignore</u>
　　　　　　　　　　　V'　　　　　　　　　　　　　　　　S　　V'

<u>differences</u> <in their ways of speaking>), <u>the similarities</u> <in <u>the talk and</u>
　O'　　　　　　　　　　　　　　　　　　S

<u>behaviour</u> <of <u>those</u> <who <u>have been</u> (in prison)> and <u>those</u> <who <u>have</u>
　　　　　　　　　　　　　V'①　　　　　　　　　　　　　　　　V'②

<u>been</u> <u>gap-yeared</u>>>> <u>are</u> <u>quite remarkable</u>.
　　　C'②　　　　　　V　　C

❷ transformed 以下は分詞構文で，「～に変わった状態で（戻ってくる）」の意味。ready ～
closed は mature ～ adults に対する補足説明で，(who are) ready ～と考えてもよい。the
enormous ～ responsibility の後ろは，of A [living ～]，B [doing ～] and C [occasionally
having ～] という形になっている。

❸ コロンで文を2つに区切る場合，前半の S は time，V は is regarded。つまり「…の時間は
…とみなされる」ということ。spent ～ age は time を修飾する過去分詞句。or は3つの形
容詞を A, B, or C の形で結びつけている。後半の those who ～は「～する人々」で，those
～ experience が S，display が V，much ～ superiority が O。display ... superiority over
～は「～に対して…な優位性を示す」の意味。

❷ ギャップ・イヤーの旅人たちは，十分に成長し社会を意識した，信頼できる大人にすっかり変わって帰ってくるだろうと思われている。大学の学生寮で生活し，自分自身の洗濯物を洗い，ときには夜遅く帰ってきて，カフェテリアが閉まっているとわかり，豆の缶詰を開けなくてはいけないこともある，という莫大な試練と責任を引き受ける準備ができているということだ。「ギャップ・イヤーを経験した」大学１年生は，彼ら自身を「高校からすぐに」来た人たちよりも，より成熟し世界に精通しているとして，よりすぐれていると考えている。彼らは，子供っぽくて馬鹿な「ギャップ・イヤーを経験していない」仲間の学生たちと比較して，彼らがどれだけ年上だと感じるのかについてひとりよがりに話す傾向がある。

❸ イングランド社会のそれほど特権のないグループでは，同じくらいの年齢で服役して過ごす時間に，似たような，人格を形成する，もしくは人を成長させる効果がある。この種の経験を切り抜けた人たちは，しばしば刑務所に入れられたことがない彼らの友人に対してほとんど同じような優越感を出すのだ。実際，彼らの話し方の違いを無視すれば，刑務所を経験した人たちとギャップ・イヤーを経験した人たちの，話や振る舞いの類似性はかなり驚くべきものである。

Lesson 05

❷

traveller	名	（英）旅人 =traveler
expect O to V	熟	OがVするだろうと思う
come back	熟	帰ってくる
transform O into	熟	Oを〜へすっかり変える
mature	形	十分に成長した
	動	〜を成長させる
socially aware	熟	社会を意識した
reliable	形	信頼できる
ready to V	熟	Vする準備ができた
take on	熟	〜を引き受ける
enormous	形	莫大な
responsibility	名	責任
residence hall	名	学生寮
do laundry	熟	洗濯をする
one's own 〜	熟	自分自身の〜
occasionally	副	時々
can	名	缶詰
come home	熟	帰宅する
find that S V	熟	SがVするとわかる
cafeteria	名	カフェテリア
first-year	形	１年生の
regard O as C	熟	OをCと考える
superior to 〜	熟	〜よりすぐれている
those who V	熟	Vする人たち
straight	副	すぐに，直接
grown-up	形	成熟した
knowledgeable about		
	熟	〜に精通している
tendency to V	熟	Vする傾向
in a ... way	熟	…な方法で
self-satisfied	形	ひとりよがりの
older	形	年上の
feel C	熟	Cの気分がする
compared to 〜	熟	〜と比較して
immature	形	子供っぽい
silly	形	馬鹿な
un-gap-yeared	形	ギャップ・イヤーを経験していない
fellow	形	仲間の

❸

privileged	形	特権のある
English	形	イングランドの
spent	動	〜を過ごす
		spend-spent-spent
spend time	熟	時を過ごす
in prison	熟	服役中である
at the same age	熟	同じ年齢で
effect	名	効果
display	動	〜（感情）を表に出す
much the same	熟	ほとんど同じ
sense of superiority	名	優越感
lock O up	熟	Oを刑務所に入れる
in fact	熟	実際
ignore	動	〜を無視する
way of Ving	熟	Vする仕方
similarity in 〜	熟	〜の類似性
talk	名	話
behaviour	名	（英）振る舞い =behavior
remarkable	形	驚くべき

END

LEVEL-4

Lesson 06
問題文

06

単語数 ▶ **329** words
制限時間 ▶ **20** 分
目標得点 ▶ **40** ／50点

DATE

■次の英文を読み，あとの設問に答えなさい。

　　Scientists have already found out a lot about our world. For example, they tell us **that** the sun can make the wind blow. When the sun shines, it makes the earth hot. Then the earth makes the air hot. When the air becomes hot, it also becomes light. The light air goes up. When cool air comes in to take the place of the hot air, the hot, light air goes up very high. When it is very high, it cools and falls to earth. Then the earth makes the air hot again, and the air rises. This movement of air is one of the causes of wind.

　　Why does your heart beat fast when you run? Scientists say **that** when you are quiet, your heart beats 65 to 75 times a minute. Your heart is a pump **that** pumps blood to all parts of the body. The blood carries oxygen and food. When you run, your muscles work very hard and use the food and oxygen **that** the blood carries to them. So your brain sends a signal to the heart. The signal means (A)**that** the muscles need more food and oxygen. Then the heart beats faster and sends blood quickly to the muscles. It may beat 90 to 140 times a minute.

　　Of course, scientists cannot answer all of our questions. If we ask why the ocean is full of salt, scientists will say **that** the salt comes from rocks. When a rock gets very hot or very cold, it cracks. Rain falls into the cracks. The rain then carries the salt into the earth and into the rivers. The rivers carry the salt into the ocean. Then (B)we may want to know what happens to the salt in the ocean because the ocean doesn't

get saltier every year. Scientists are not sure about the answer to this

question.

25   We know a lot about our world, but there are still many answers **that**

we do not have.

（1） 文中の下線部 that の中で(A)の that と同じ用法の that は，(A)の that を含めて本文中で何回使用されているか。最も適切なものを 1 つ選びなさい。なお，文中の that はすべて太字と下線で示してある。

1 3回 **2** 4回 **3** 6回 **4** 7回

（2） 下線部(B)の「私たちが知りたい」内容として最も適切なものを，次の選択肢の中から 1 つ選びなさい。

1 海水には，毎年どれだけの塩分が補充されているのか。

2 毎年，海水の塩分が増加しないのはどうしてなのか。

3 海水に含まれる塩分が毎年減少してきているが，どんな異変が起きているのか。

4 毎年，どうして海水から塩を精製することが困難になってきているのか。

（3） 本文の内容と一致するものを，それぞれの選択肢の中から 1 つ選びなさい。

1

1 科学者たちは風が起きる原因と季節による温度差には因果関係があると指摘している。

2 太陽が地表を照らすことで生み出される大気の流れによって，暑い空気と冷たい空気のバランスが保たれ，地球の温暖化が防がれてきた。

3 心臓はポンプの役目を果たしており，血液を体中に循環させるために通常毎分 90 回から 140 回鼓動する。

4 我々が住んでいるこの世界の多くのことが解明されたが，事実まだいくつもの疑問が残されている。

2

1 暑い天候のときには，寒いときに比べて心臓の鼓動する回数は通常よりも減少する。

2 雨に含まれている酸が岩を溶かし，雨水と共に流れ出した岩塩が川を経由して海に運び込まれる。

3 科学者たちは私たちが日常抱くどんな疑問にも具体的に答えてくれるが，常にその答えが正しいとは限らない。

4 筋肉が酸素を必要としているという信号は脳から心臓に送られる。

Lesson
06

（**4**）　次の 1 と 2 の書き出しの英文に続くよう，最も適切なものをそれぞれの選択肢の中から 1 つ選びなさい。なお，本文の内容と一致するようにすること。

1　When you run, (　　　　).

 1　your heart sends blood quickly to the muscles

 2　your heart takes oxygen and food from all parts of the body

 3　your heart beats 65 to 75 times a minute

 4　your heart sends a signal to the brain

2　When the hot and light air goes up very high, (　　　　).

 1　it makes the earth hot

 2　it needs more oxygen

 3　it shines

 4　it cools and falls to earth

解　答　用　紙			
（**1**）		（**2**）	
（**3**）	1	2	
（**4**）	1	2	

解答・解説

(1)　　　下線部(A)は means の O [目的語] を作る**名詞節**の that である。

　・they tell us <u>that</u>：「tell O(A) O(B)」の O(B) を作る**名詞節**の that。

　・Scientists say <u>that</u>：say の O を作る**名詞節**の that。

　・a pump <u>that</u> pumps blood：a pump を先行詞とする**主格の関係代名詞**の that。

　・the food and oxygen <u>that</u> the blood carries：the food and oxygen を先行詞とする**目的格の関係代名詞**の that。

　・scientists will say <u>that</u>：say の O を作る**名詞節**の that。

　・many answers <u>that</u> we do not have：many answers を先行詞とする**目的格の関係代名詞**の that。

　したがって，**2** の「4 回」が正解とわかる。

(2)　　　下線部(B)を直訳すると，「**海は毎年塩辛さを増すわけではないので，私たちは海で塩に何が起きるのかを知りたいと思うかもしれない**」となる。この内容に近いのは，**2** である。

(3)

　1

　1　本文に，季節による温度差に関する記述はない。

　2　本文に，地球の温暖化に関する記述はない。

　3　第 2 段落第 2 文に「**静かにしているとき，心臓は毎分 65 ～ 75 回鼓動する**」とある。毎分 90 ～ 140 回鼓動するのは，走ったときである。

　④　**第 4 段落の内容に一致する。**

　2

　1　本文に，天候と心臓の鼓動回数の関係に関する記述はない。

　2　第 3 段落第 3 ～ 5 文に，「温度が非常に上がったり下がったりすることで岩石がひび割れ，その部分に雨がしみ込み，塩を地表や川へ流し込む」という内容の記述がある。「雨に含まれている酸が岩を溶かし」という記述が間違い。

　3　第 3 段落第 1 文「**科学者たちは私たちの質問のすべてに答えることができるわけではない**」に矛盾する。

　④　**第 2 段落第 6 ～ 7 文の内容に一致する。**

(4)

1　走るとき，（　　　）。

①　心臓は筋肉へとすばやく血液を送る

　　→**第 2 段落**第 8 文の内容に一致する。

2　心臓は体のあらゆる部分から酸素と栄養を取る

　　→**本文**に，このような記述はない。

3　心臓は 1 分間に 65 〜 75 回鼓動する

　　→**第 2 段落**最終文「（走るとき）心臓は**毎分** 90 〜 140 回鼓動することもある」に矛盾する。

4　心臓は脳へ信号を送る

　　→**第 2 段落**第 6 文「**脳は，心臓**に信号を送る」と関係が逆である。

2　温かくて軽い空気がとても高く上昇すると，（　　　）。

1　地表を温める

　　→**第 1 段落**第 3 文に「日が照ると，地表を温める」とあるため，地表を温めるのは空気ではなく日照。

2　より多くの酸素を必要とする

　　→**第 2 段落**第 7 文に「筋肉がより多くの栄養と酸素を必要としている」とあるが，これは体内の話で空気の上昇とは無関係。

3　輝く

　　→**本文**に，このような記述はない。

④　冷えて，地表へ下降する

　　→**第 1 段落**第 8 文の内容に一致する。

	正　解		
（ 1 ）(8点)	**2**	**（ 2 ）**(8点)	**2**
（ 3 ）(各9点)	1　4		2　4
（ 4 ）(各8点)	1　1		2　4

得点	（1回目）　／50点	（2回目）	（3回目）	CHECK YOUR LEVEL	0〜30点 ➡ *Work harder!* 31〜40点 ➡ *OK!* 41〜50点 ➡ *Way to go!*

Lesson
06

❶ Scientists have (already) found out a lot <about our world>. (For
  S　　　 V　　 (already)　 found out　 O　　　　　　　　

example), they tell us [that the sun can make the wind blow]. (When the sun
　　　　　 S　 V　 O(A) O(B) S'　　　 V'　　　 O'　　 C'　　　　　　 S'

shines), it makes the earth hot. (Then) the earth makes the air hot. (When
V'　　　 S V　　 O　　 C　　　　　 S　　　 V　　 O　 C　 ❶

the air becomes hot), it (also) becomes light. The light air goes up. (When
S'　　 V'　　 C'　　 S　　　 V　　 C　　 S　　　　 V　　　　

cool air comes in (to take the place of the hot air)), the hot, light air goes up
S'　　 V'　　　　　　　　　　　　　　　　　　　 S　　　　　　 V　　　 5

(very high). (When it is very high), it cools and falls (to earth). (Then) the
　　　　　　　 S' V'　 C'　　 S V①　　 V②　　　　　　　 S

earth makes the air hot (again), and the air rises. This movement <of air>
　　 V　　 O　 C　　　　　　　 S　　 V　　 S

is one <of the causes <of wind>>.
V　C

━━━━━━━━━ 構文解説 ━━━━━━━━━

❶ to take 〜 air は結果を表す副詞的用法の不定詞で，「冷たい空気が入り込んで（その結果）温かい空気に取って代わる」という意味。

【和訳】

❶ 科学者たちは，私たちの世界について多くのことをすでに発見している。例えば，太陽は風を吹かせることができる，と彼らは私たちに言う。日が照ると，地表を温める。そして地表は空気を温める。空気が温まると，重さも軽くなる。軽い空気は上昇する。冷たい空気が温かい空気の代わりに入り込むと，温かく軽い空気は非常に高く上昇する。非常に高くのぼると，冷めて地表へ降りてくる。それから地表は再び空気を温め，空気は上昇する。この空気の動きが，風の原因の１つである。

重要語句リスト

❶

□ already	副	すでに
□ find out 〜	熟	〜を発見する
□ a lot	熟	多くのこと
□ for example	熟	例えば
□ tell 〜 that S V	熟	S が V すると〜に言う［伝える］
□ the sun	名	太陽
□ make 〜 V	熟	〜に V させる
□ wind	名	風
□ blow	動	吹く
□ shine	動	輝く，照る
□ make O C	熟	O を C にする
□ earth	名	地球，地表
□ air	名	空気
□ light	形	軽い
□ go up	熟	上がる
□ cool	形	冷たい
□ come in	熟	入って来る
□ take the place of 〜	熟	〜に取って代わる
□ cool	動	冷める
□ fall	動	落ちる
□ rise	動	上がる
□ movement	名	動き
□ cause	名	原因

Lesson
06

❷ Why does your heart beat (fast) (when you run)? ❷Scientists say [that (when you are quiet), your heart beats (65 to 75 times (a minute))]. Your heart is a pump <that pumps blood (to all parts <of the body>)>. The blood carries oxygen and food. (When you run), your muscles work (very hard) and use the food and oxygen <that the blood carries (to them)>. (So) your brain sends a signal (to the heart). The signal means [that the muscles need more food and oxygen]. (Then) the heart beats (faster) and sends blood (quickly) (to the muscles). It may beat (90 to 140 times (a minute)).

❸ (Of course), scientists cannot answer all <of our questions>. ❸(If we ask [why the ocean is full (of salt)]), scientists will say [that the salt comes (from rocks)]. (When a rock gets very hot or very cold), it cracks. Rain falls (into the cracks). The rain (then) carries the salt (into the earth) and (into the rivers). The rivers carry the salt (into the ocean). (Then) we may want [to know [what happens (to the salt) (in the ocean)]] (because the ocean doesn't get saltier (every year)). Scientists are not sure (about the answer <to this question>).

❹ We know a lot <about our world>, but there are (still) many answers <that we do not have>.

❷Scientists say that ～「科学者たちは～と言う」の that 節中の S′ は your heart, V′ は beats。その前に when ～ quiet という副詞節が置かれている。a minute は「1 分につき」の意味。

❸文全体は If A, B.「もし A なら B だ」の構造。ask why ～は「なぜ～なのかと尋ねる」の意味。why の節は間接疑問なので，the ocean is という SV の語順になっている。

❷ 走ったとき，心臓の鼓動が速くなるのはなぜ
だろうか。科学者たちが言うには，静かにしてい
るとき，心臓は毎分 65〜75 回鼓動する。心臓は，
血液を全身に送り込むポンプである。血液は，酸
素と栄養を運ぶ。走ると筋肉が非常に活発に働
き，血液が筋肉に運んだ栄養と酸素を使う。する
と脳は，心臓に信号を送る。その信号は，筋肉が
より多くの栄養と酸素を必要としていることを意
味する。そこで心臓は鼓動を速め，筋肉にすばや
く血液を送る。心臓は毎分 90〜140 回鼓動するこ
ともある。

❸ もちろん，科学者たちは私たちの質問のすべ
てに答えることができるわけではない。海はなぜ
塩でいっぱいなのかと尋ねたなら，塩は岩石から
生まれると科学者たちは言うだろう。岩石は，温
度が非常に上がったり下がったりするとひび割れ
る。雨が降り，そのひび割れにしみ込む。それか
ら雨は塩を地表へ，そして川へ流し込む。川は塩
を海へ流し込む。それならば，私たちは海で塩に
何が起きるのかを知りたいと思うかもしれない，
なぜなら海は毎年塩辛さを増すわけではないから
だ。科学者たちは，この質問に対する答えについ
て確信を持っていない。

❹ 私たちは世界について多くのことを知ってい
るけれど，私たちが持っていない多くの答えが今
もなお残っている。

Lesson
06

❷

☐ heart	名	心臓
☐ beat	動	鼓動する
☐ quiet	形	静かな
☐ a minute	熟	1分につき，毎分
☐ pump	名	ポンプ
	動	（ポンプで）押し出す
		［注入する］
☐ blood	名	血
☐ part	名	部分
☐ carry	動	〜を運ぶ
☐ oxygen	名	酸素
☐ food	名	食物，栄養
☐ muscle	名	筋肉
☐ brain	名	脳
☐ send	動	〜を送る
☐ signal	名	信号
☐ mean that S V	熟	S が V することを
		意味する
☐ need	動	〜を必要とする
☐ quickly	副	すばやく

❸

☐ of course	熟	もちろん
☐ not ..... all	熟	すべて ..... という
		わけではない
		→部分否定
☐ ocean	名	大洋，海
☐ be full of 〜	熟	〜でいっぱいである
☐ salt	名	塩
☐ come from 〜	熟	〜に由来する
☐ rock	名	岩
☐ crack	動	ひび割れる
	名	ひび割れ
☐ happen to 〜	熟	〜（の身）に起こる
☐ because S V	接	S が V するので
☐ saltier	形	塩辛い
		salty-saltier-saltiest
☐ be sure about 〜	熟	〜に確信を持っている

❹

☐ still	副	今もなお

END　　79

Lesson 07
問題文

単 語 数 ▶ **359** words
制限時間 ▶ **20** 分
目標得点 ▶ **40** ／50点

DATE

■次の英文を読み，あとの設問に答えなさい。

　　Many people find that they can maintain their ideal weight before entering the workforce, but then things change. After sitting at a desk all day and then commuting in rush-hour traffic, a lot of people say they do not have the energy to go to a gym.

　　This seems to be a common problem in most developed countries. The IT revolution has made this problem （　1　）. In the past, people at least got up and walked around the office and there were frequent visits to other companies. But heavy use of E-mail and the Internet means that office workers make less use of their legs. For a growing number of deskbound employees, work means moving only fingers and lips.

　　Another obvious reason for gaining weight at the workplace is the convenience of fast foods. Busy office workers do not often have the time for a healthy lunch, but it is easy to get a quick hamburger or pizza.

　　Other workers （　2　） lunch all together and instead make up for it by eating snacks from the vending machine or having a big dinner late in the evening. It seems that the busier you are, the （　3　） it is to find the time to eat properly.

　　The best way to control what you eat, say experts, is to eat three meals a day — with lunch being preferably something you have brought from home — and keep healthy snacks on hand. By keeping your blood sugar* at a healthy level, you will be （　4　） tempted by junk food around you.

Perhaps the biggest cause of weight gain in the office is stress. (5) some people stop eating when under stress, the majority of people deal with stress by eating food.

When you get stressed out,* your body triggers adrenaline and puts you off balance. Our ancestors needed this adrenaline to run from predators.* But since we do not run from angry bosses and demanding clients, we treat nervous energy with food.

A good alternative to eating can be simple exercises that you can do in the office, reading a relaxing book or listening to music on headphones.

(Adapted from *English Journal*, Feb. 2004)

Lesson
07

* blood sugar（血糖〔値〕）　　get stressed out（ストレスがたまる）
  predator（肉食獣）

設問

（1）　（　1　）〜（　5　）に当てはまる語（句）として最も適切なものを，そ
　　　れぞれの選択肢の中から1つ選びなさい。

（　1　）
　　1　strange　　　　　　　**2**　interesting
　　3　better　　　　　　　　**4**　worse

（　2　）
　　1　hop　　　　　　　　　**2**　eat
　　3　skip　　　　　　　　　**4**　jump

（　3　）
　　1　easier　　　　　　　　**2**　harder
　　3　more convenient　　　**4**　less troublesome

（　4　）
　　1　less　　　　　　　　　**2**　more
　　3　absolutely　　　　　　**4**　amazingly

（　5　）
　　1　However　　　　　　　**2**　Nevertheless
　　3　While　　　　　　　　**4**　Actually

（2） 次の各文が本文の内容と一致する場合には **T**，違っている場合には **F** と答えなさい。

(A) Many people say they don't have the energy to do exercise in gyms due to the long-hour deskwork and the crowded transportation services.

(B) Thanks to the IT revolution, a lot of workers have been able to visit gyms to exercise.

(C) Not eating a healthy lunch is one of the reasons why busy office workers gain weight.

(D) Stress is considered to be the biggest cause for office workers to gain weight.

(E) The writer implies that one of the ways to reduce stress in the office is to do simple exercises.

解　答　用　紙		
（1） （ 1 ）	（ 2 ）	（ 3 ）
（ 4 ）	（ 5 ）	
（2） (A)	(B)	(C)
(D)	(E)	

解答・解説

（1）

（1）

1	奇妙な	**2**	興味深い
3	より良い	**④**	より悪い

▶第1段落のマイナスイメージの内容に引き続き，**第2段落**も「以前は体を動かすこともあったが，メールとインターネットを頻繁に利用することにより，**仕事とは指と唇だけを動かすこととなった**」という，さらに**マイナスイメージ**の内容になっている。

（2）

1	ぴょんと跳ぶ	**2**	食べる
③	抜かす	**4**	跳ぶ

▶空所のあとの and instead make up for it 以降がヒント。「**その代わりに自動販売機で買ったおやつを食べたり，夜遅くに大量の食事をしたりすることによって埋め合わせる人々もいる**」から，**昼食を食べていない**と考えられる。

（3）

1	より簡単な	**②**	より難しい
3	より便利な	**4**	より面倒でない

▶（2）からもわかるように，**第4段落**第1文で「昼食を**抜く**」という話をしているので，ここも同じく「食事を**抜く**＝正しい食事を取る時間を見つけるのが**難しい**」という内容になると考えられる。the 比較級1 ....., the 比較級2 .....（ 比較級1 すればするほど，ますます 比較級2 ）は重要表現。

（4）

①	より少なく	**2**	より多く
3	完全に	**4**	驚くほど

▶**第5段落**第1文から，この段落は「食事を管理するための**最善の方法**〔＝プラスイメージ〕」について述べているとわかる。よって，空所を含む文もプラスイメージになる選択肢を入れ，「**身の回りのジャンクフードに誘惑される気持ちはより少なくなる**」とすればよい。

（5）

1 しかしながら **2** それにもかかわらず

③ （S が V する）一方で **4** 実際に

▶文に動詞が 2 つ（stop, deal with）あるので，空所には**接続詞が入る**。
1．2．4 は副詞。

（2）

（A）**T** 長時間のデスクワークや混雑した交通機関のせいで，ジムで運動する活力がないと多くの人たちが言う。

→**第 1 段落**最終文の内容に一致する。

（B）**F** IT 革命のおかげで，多くの労働者は運動をしにジムへ行くことができている。

→**第 2 段落**第 2 文に「**IT 革命は，この問題をさらに悪化させた**」とあるので，**ジムに行くことはできていないと判断できる**。

（C）**T** 健康的な昼食を食べないことが，多忙な会社員たちが太る理由の 1 つだ。

→**第 3 段落**は太る理由の 1 つを述べた段落で，その内容に一致する。

（D）**T** ストレスは会社員が太る最大の要因だとみなされている。

→**第 6 段落**第 1 文の内容に一致する。

（E）**T** 筆者は，社内でストレスを軽減する方法の 1 つは，簡単な運動をすることだということを示唆している。

→**第 8 段落**の内容に一致する。

正 解		
（1）(各4点) （1）**4**	（2）**3**	（3）**2**
（4）**1**	（5）**3**	
（2）(各6点) (A) **T**	(B) **F**	(C) **T**
(D) **T**	(E) **T**	

得点	（1回目） ／50点	（2回目）	（3回目）	CHECK YOUR LEVEL	0〜30点 ➡ *Work harder!* 31〜40点 ➡ *OK!* 41〜50点 ➡ *Way to go!*

構造確認

❶ Many people find [that they can maintain their ideal weight (before
[entering the workforce])], but (then) things change. (After [sitting (at a desk)
(all day)] and (then) [commuting (in rush-hour traffic)]), a lot of people say
[they do not have the energy <to go (to a gym)>].

❷ This seems to be a common problem (in most developed countries). The
IT revolution has made this problem worse. (In the past), people (at least) got
up and walked (around the office) and there were frequent visits <to other
companies>. But heavy use <of E-mail and the Internet> means [that office
workers make less use <of their legs>]. (For a growing number of
deskbound employees), work means [moving (only) fingers and lips].

❸ Another obvious reason <for [gaining weight (at the workplace)]> is the
convenience <of fast foods>. Busy office workers do not (often) have the
time <for a healthy lunch>, but it is easy [to get a quick hamburger or pizza].

構文解説

1 S (a lot of people) ＋ V (say) の前に，After で始まる副詞句が置かれている。その節は After A and then B「A をしてそれから B をしたあとで」という形。to go は前の the energy を修飾する形容詞的用法の不定詞。

2 In the past (副詞句) の後ろで，and は people ～と there ～を結び付けている。

3 文全体は S is C.「S は C だ」の構造。第 1 段落の冒頭で理想的な体重の維持が話題になっており，第 2 段落では運動不足が問題だ (つまり運動不足が体重過多の原因となる) と述べられている。それを受けてこの段落では「職場で太るもう 1 つの明らかな理由は～」と説明している。

【和訳】

❶ 職業生活に入る前には自分の理想的な体重を維持できると多くの人々が思っているが，その後事情は変化する。1日中机に向かって座り，さらにラッシュアワーの交通にもまれて通勤したあとでは，スポーツジムに通う元気はないと多くの人が言う。

❷ このことは，ほとんどの先進国に共通の問題であるように思われる。IT革命は，この問題をさらに悪化させた。以前は，人々は少なくとも立ち上がって職場を歩き回り，他社を訪問することもしばしばあった。しかしメールとインターネットを頻繁に利用することは，会社員が以前ほど自分の足を使わなくなることを意味する。ますます増え続ける机にはりついて働く社員たちにとって，仕事とは指と唇だけを動かすことを意味する。

❸ 職場で太るもう1つの明らかな理由は，ファーストフードの便利さである。多忙な会社員たちは，健康的な昼食の時間が取れないことがよくあるが，ハンバーガーやピザを短時間で食べるのは簡単である。

重要語句リスト

❶

find that S V	熟	SがVするとわかる[思う]
maintain	動	～を維持する
ideal	形	理想的な
weight	名	体重
before Ving	熟	Vする前に
enter	動	～に入る
workforce	名	労働人口
after Ving	熟	Vしたあとで
sit at a desk	熟	机に向かって座る
commute	動	通勤する
rush-hour	形	ラッシュアワーの
traffic	名	交通
energy	名	エネルギー，活力
gym	名	（スポーツ）ジム

❷

seem to be C	熟	Cであるように思われる
common	形	共通の，よくある
problem	名	問題
most	形	ほとんどの
developed country	名	先進国
IT revolution	名	IT革命
make ～ worse	熟	～を悪化させる
in the past	熟	過去に，以前は
at least	熟	少なくとも
get up	熟	立ち上がる
walk around ～	熟	～を歩き回る
office	名	事務所，職場
frequent	形	頻繁な
visit	名	訪問
other	形	他の
company	名	会社
heavy use of ～	熟	～を頻繁に使うこと
E-mail	名	（電子）メール
the Internet	名	インターネット
mean that S V	熟	SがVすることを意味する
office worker	名	会社員
make use of ～	熟	～を利用する
leg	名	足
for	動	～にとって
a growing number of ～	熟	数が増えつつある～
deskbound	形	デスクワークの
employee	名	従業員，社員
move	動	～を動かす
finger	名	指
lip	名	唇

❸

another	形	別の，もう1つの
obvious	形	明らかな
reason for ～	熟	～の理由
gain weight	熟	太る
workplace	名	仕事場
convenience	名	便利さ
fast food	名	ファーストフード
healthy	形	健康的な，健康に良い
quick	形	すばやい
hamburger	名	ハンバーガー
pizza	名	ピザ

Lesson

07

❹ Other workers skip lunch (all together) and (instead) make up for it (by [eating snacks <from the vending machine>] or [having a big dinner (late) (in the evening)]). **④** It seems that the busier you are, the harder it is [to find the time <to eat (properly)>].

❺ The best way <to control [what you eat]>, {say experts}, is [to eat three meals (a day) — (with lunch being (preferably) something <you have brought (from home)>) — and keep healthy snacks (on hand)]. (By [keeping your blood sugar (at a healthy level)]), you will be less tempted (by junk food <around you>).

❻ (Perhaps) the biggest cause <of weight gain <in the office>> is stress. (While some people stop eating (when under stress)), the majority <of people> deal with stress (by [eating food]).

❼ (When you get stressed out), your body triggers adrenaline and puts you (off balance). Our ancestors needed this adrenaline (to run (from predators)). But (since we do not run (from angry bosses and demanding clients)), we treat nervous energy (with food).

❽ A good alternative <to eating> can be simple exercises <that you can do (in the office)>, [reading a relaxing book] or [listening to music (on headphones)].

---

④ カンマの後ろは it is harder to find ～という文をもとにした形 (it は to find 以下を指す形式主語)。

⑤ The best way to ～ is to ...「～するための最善の方法は…することだ」はよく使われる形。この文では to 以下が A [eat ～] and B [keep ～] の形になっており、その間にダッシュではさまれた句が挿入されている。with lunch being は付帯状況を表し、「昼食が～である状態を伴って」の意味。you ～ home は前の something を修飾する関係詞節。say experts「専門家が言うには」は補足的な説明で、本来の語順では Experts say (that) the best way ～。

❹ 会社員の中には，昼食を抜き，その代わりに自動販売機で買ったおやつを食べたり，夜遅くに大量の食事をしたりすることによって埋め合わせる人々もいる。忙しければ忙しいほど，正しい食事を取る時間を見つけることはますます難しいようである。

❺ 専門家が言うには，食事を管理するための最善の方法は，1 日に 3 回食事を取り，昼食はできれば家から持って来たもの（弁当）を食べ，健康に良い軽食を手元に置いておくことである。血糖値を健康な水準に保つことによって，身の回りのジャンクフードに誘惑される気持ちはより少なくなるだろう。

❻ おそらく，職場での体重増加の最大の原因は，ストレスだろう。ストレスを感じてものが食べられなくなる人もいる一方で，大多数の人はものを食べることによってストレスに対処する。

❼ ストレスがたまると，体はアドレナリンの分泌を促し，バランスを崩す。私たちの先祖は，肉食獣からのがれるために，このアドレナリンを必要とした。しかし，私たちは腹を立てた上司や厳しい要求をしてくる顧客から逃げることはしないので，食べ物によって神経エネルギーを処理する。

❽ ものを食べることの良い代わりになりうることは，職場でできる簡単な運動や，くつろいだ気分になれる本を読むこと，ヘッドフォンで音楽を聴くことである。

❹

☐ other	形	他の
☐ skip lunch	熟	昼食を抜く
☐ all together	熟	ひとまとめにして
☐ instead	副	その代わりに
☐ make up for ～	熟	～の埋め合わせをする
☐ by Ving	熟	Ｖすることによって
☐ snack	名	軽食，間食，おやつ
☐ vending machine	名	自動販売機
☐ It seems that S V	熟	ＳはＶするように思われる
☐ the 比較級 A, the 比較級 B		
	熟	ＡであればあるほどますますＢである
☐ properly	副	適切に

❺

☐ control	動	～を管理する
☐ what S V	熟	ＳがＶするもの
☐ expert	名	専門家
☐ meal	名	食事
☐ a day	熟	1 日につき
☐ with ～ Ving	熟	～がＶする［している］状態で
☐ preferably	副	できれば，なるべく
☐ keep ～ on hand	熟	～を手元に置いておく
☐ blood sugar	名	血糖（値）
☐ level	名	水準
☐ tempt	動	～を誘惑する
☐ junk food	名	ジャンクフード

❻

☐ perhaps	副	もしかしたら，たぶん
☐ cause	名	原因
☐ weight gain	名	体重の増加
☐ stress	名	ストレス
☐ while S V	接	ＳがＶする一方で
☐ stop Ving	熟	Ｖするのをやめる
☐ (be) under stress	熟	ストレスを感じて（いる）
☐ majority	名	大多数
☐ deal with ～	熟	～に対処する

❼

☐ get stressed out	熟	ストレスがたまる
☐ trigger	動	～の引き金となる，～を誘発する
☐ adrenaline	名	アドレナリン
☐ put ～ off balance	熟	～のバランスを崩す
☐ ancestor	名	先祖
☐ run from ～	熟	～からのがれる
☐ predator	名	肉食獣
☐ since S V	接	ＳはＶするので
☐ angry	形	怒っている
☐ boss	名	上司
☐ demanding	形	要求が厳しい
☐ client	名	顧客
☐ treat	動	～を処理する
☐ nervous energy	名	神経エネルギー

❽

☐ alternative	名	代わりのもの，代案
☐ simple	形	単純な，簡単な
☐ exercise	名	運動
☐ relaxing	形	やすらぎを与えるような
☐ headphone	名	ヘッドフォン

Lesson **07**

END   89

Lesson 08
問題文

単 語 数 ▶ 362 words
制限時間 ▶ 20 分
目標得点 ▶ 40 ／50点

DATE

■次の英文を読み，あとの設問に答えなさい。

The children start coming into the school health center after first period. "I don't feel well," they complain. "I'm tired." The nurse sighs. What is the matter with these children? It's not fever, not flu. Pretending to be ill? (1)Not that either. How can elementary school children be so (A) so early in the day?

(2)It's not just this one school. Last year a survey of school students indicated more than half routinely felt (3)under the weather in the morning. It also suggested a probable cause — the children weren't sleeping enough.

Why not? "Watching TV," said 28.7 percent of the respondents. "Studying," said 18.4 percent. (4)"No particular reason," said 31.9 percent.

Actually, there is a particular reason. The children get so little exercise during the day (5)(they / that / enough for / tired / sleep / aren't) at night. The lifestyle of children today gives them no opportunity for physical effort.

This is not good for the spine.* Lack of exercise leaves the backbone so weak it can (B) support a child's weight. Teachers who see children slouching when they stand and slumping when they sit (6)suspect sullenness. Inattention and disorderly behavior in class are generally blamed on emotional problems. But sitting straight and paying attention require a physical strength many children may (C) have.

Everyone knows that children are less active and therefore not as strong as they used to be.　But no one appreciated just how bad the damage was.　Recently the teachers were shocked by the results of the testing of school children's spinal strength.

Spinal strength is important.　It's what allows us to walk upright; in a sense, therefore, (7)it defines us as a species.　If elementary schools don't start taking children hiking or introducing some other exercise programs, Japan will end up (8)"a country of monkeys."

The problem is grave but easily solved, say optimists.　"If schools have pupils do tug-of-war* or sumo once a week," they say, "spinal strength will soon recover."

Maybe so.　But can today's children be induced to throw themselves into such activities?　Tug-of-war is a great sports day event, but once a week?　As for sumo, it's (9)pretty remote from the lives of most preteens.

Lesson
08

* 　spine（背骨）　tug-of-war（綱引き）

設問

（1） 下線部(1)の内容として最も適切なものを，次の選択肢の中から1つ選び
なさい。

1 熱があるわけでもない。

2 インフルエンザにかかっているわけでもない。

3 仮病を使っているわけでもない。

4 気分が悪いわけでもない。

（2） （　A　）に当てはまる最も適切なものを，次の選択肢の中から1つ選び
なさい。

1 alarmed **2** disappointed

3 spoiled **4** weakened

（3） 下線部(2)の意味として最も適切なものを，次の選択肢の中から1つ選び
なさい。

1 There are other schools like this one.

2 This one school is simply a problem.

3 There are other exceptions as well.

4 This one school is an exception.

（4） 下線部(3)の意味として最も適切なものを，次の選択肢の中から1つ選び
なさい。

1 comfortably cool **2** fairly well

3 slightly ill **4** terribly hot

(5)　下線部(4)の意味として最も適切なものを，次の選択肢の中から 1 つ選び
　　　 なさい。

1　何となく　　　　　　　　　　　**2**　することがなくて

3　考えもせずに　　　　　　　　　**4**　つまらなくて

(6)　下線部(5)の語群を意味が通るように並べ替えるとき，3 番目と 5 番目に
　　　 くるものは何か。次の選択肢の中からそれぞれ選びなさい。

1　they　　　　**2**　that　　　　**3**　enough for

4　tired　　　　**5**　sleep　　　 **6**　aren't

(7)　（　B　）に当てはまる最も適切なものを，次の選択肢の中から 1 つ選び
　　　 なさい。

1　barely　　　**2**　easily　　　**3**　finely　　　　**4**　tightly

(8)　下線部(6)の意味として最も適切なものを，次の選択肢の中から 1 つ選び
　　　 なさい。

1　believe they are giving the signs

2　doubt they are not well

3　see they are behaving badly

4　think they are in a bad temper

(9)　（　C　）に当てはまる最も適切なものを，次の選択肢の中から 1 つ選び
　　　 なさい。

1　any longer　　　　　　　　　**2**　more or less

3　no longer　　　　　　　　　　**4**　none the less

（**10**）　下線部(7)の意味として最も適切なものを，次の選択肢の中から１つ選び
　　　　なさい。

1　それが種を持続させる。　　　　**2**　それが種の始まりである。

3　それで人類だといえる。　　　　**4**　それで人類は救われる。

（**11**）　下線部(8)の意味として最も適切なものを，次の選択肢の中から１つ選び
　　　　なさい。

1　a country where the people cannot think right

2　a country where the people cannot walk upright

3　a country where the people work too hard

4　a country where the people move with the crowd

（**12**）　下線部(9)の意味として最も適切なものを，次の選択肢の中から１つ選び
　　　　なさい。

1　とても格好の悪い　　　　**2**　相当親しみのない

3　大変魅力的な　　　　**4**　かなり負担のかかる

解　答　用　紙			
(1)		(2)	
(3)		(4)	
(5)			
(6)	3番目	5番目	
(7)		(8)	
(9)		(10)	
(11)		(12)	

解答・解説

(1)　　　下線部(1)は，「そういうわけでもない」が直訳。that は前文の内容を指すことができる。よって，that の内容は「仮病を使っているということ」となるので，**3** が正解とわかる。重要表現 not ..... either (..... でもない) も覚えておこう。

(2)　**1**　驚いて　　　　　　　　　　**2**　失望した
　　　3　台なしになった　　　　　　**④**　弱められた
　　　▶「小学生が 1 日のそんなに早い時間にそれほど（　**A**　）のは，一体どういうわけだろうか」が直訳。**第 1 段落**第 1 文で「1 時間目が終わると学校の**保健室に来始める**」。第 2 文で「『**気分が悪い，疲れた**』と彼ら [子供たち] は不満を言う」と続いていることから，文脈から空所には「**疲れている，弱っている**」などの言葉が入ると考えられるので，**4** が正解。

(3)　**①**　この学校のような他の学校もある。
　　　2　この 1 校が単に問題だ。
　　　3　同様に他の例外もある。
　　　4　この 1 校が例外だ。
　　　▶「この学校だけではない」が直訳。**この学校だけではない**ということから，**1** が正解とわかる。**第 1 段落**で挙げられた学校は，例外として挙げられたわけではないので，**3** は不可。

(4)　**1**　心地よく涼しい　　　　　　**2**　かなり健康な
　　　③　わずかにかげんが悪い　　　**4**　ひどく暑い
　　　▶熟語 under the weather（体の具合が悪い）の知識問題。

(5)　　　「特別な理由はない」が直訳。「理由がない」と同じ意味の語句を考えれば，**1** が正解とわかる。

（**6**）　The children get so little exercise during the day（that they aren't tired enough for sleep）at night.

　　まず，語群の enough がヒント。程度を表す副詞の enough は，**修飾する形容詞や副詞のあとに置くのが基本**なので not ... enough for 〜（〜のために十分…でない）という**語順に注意**する。次に，選択肢中の主語となる they，述語動詞となる aren't があるので，that は接続詞の働きをしているとわかる。下線部(5)の前にある so に注目すると，so ..... that S V（非常に ..... なので S は V する）だとわかるので，これらを手がかりにして文を完成させればよい。よって **2 → 1 → 6 → 4 → 3 → 5** となり，**6** と **3** が正解。

（**7**）　**①** かろうじて　　　　　　　　**2** 容易に
　　　　3 立派に　　　　　　　　　　**4** しっかりと
　　▶「運動不足だと，背骨は子供の体重を（　B　）支えることができるほどの弱さのままになる」が直訳。**これまでの文脈も，第5段落第1文**「これは，背骨のためにはよくない」のように，**マイナスイメージの文脈**となっている。よって，マイナスイメージを持った，**1** が正解とわかる。

（**8**）　**1** 子供たちが合図していると信じている
　　　　2 子供たちが健康だと疑う
　　　　3 子供たちが悪い行いをしているということがわかる
　　　　④ 子供たちが不機嫌であると思う
　　▶「不機嫌なのではないかと思う」が直訳。関係代名詞 who は，下線部直前の sit まで節を作っているので，Teachers が suspect sullenness の主語であることに注意。

（**9**）　**1** （否定文で）もはや ..... ない　　**2** 多かれ少なかれ
　　　　③ もはや ..... ない　　　　　　**4** それにもかかわらず
　　▶文脈から，「しかし，まっすぐ座ったり注意を払ったりすることは肉体的な力を必要とし，その力を多くの子供たちは**もはや持っていない**かもしれないのである」とすれば，意味が通ることがわかる。**1** は，**否定文**で用いて「**もはや ..... ない**」となるので不可。肯定文では **3** を用いる。

(10)　「それ〔背筋力〕が我々を 1 つの種として定義づけている」が直訳。**我々を 1 つの種，つまり「人類」と定義**づけしているわけなので，**3** が正解とわかる。**1**「種を持続させる」は，背筋力がなくなると種が絶滅してしまうという意味になるので不可（背筋力がなくなると絶滅ではなく，「猿の国」になってしまう）。

(11)　**1**　国民が正しく考えることができない国
　　　　②　国民が背筋を伸ばして歩けない国
　　　　3　国民が一生懸命すぎるほどに働く国
　　　　4　国民が集団で移動する国
　　　▶「猿の国」が直訳。**第 7 段落は背筋力の重要性**について述べた段落である。したがって，**ハイキングや何か運動行事を取り入れ，背筋力を鍛えなければ，直立して歩くことができなくなってしまう**ということを例えているとわかる。

(12)　「かなりかけ離れている」が直訳。「かけ離れている＝遠くへ離れている，多くの隔たりがある」という意味なので，**2** が正解とわかる。綱引きに関して否定的な発言があることから，**マイナスイメージ**であることがわかるので **3** は不可。また，**手軽にできる運動**として相撲を挙げているので **4** も当てはまらない。

正　解			
(1) (4点)	**3**	**(2)** (4点)	**4**
(3) (4点)	**1**	**(4)** (4点)	**3**
(5) (4点)	**1**		
(6) (6点[完答])	3番目　**6**	5番目　**3**	
(7) (4点)	**1**	**(8)** (4点)	**4**
(9) (4点)	**3**	**(10)** (4点)	**3**
(11) (4点)	**2**	**(12)** (4点)	**2**

得点	（1回目） ／50点	（2回目）	（3回目）	CHECK YOUR LEVEL	0～30点 ➡ *Work harder!* 31～40点 ➡ *OK!* 41～50点 ➡ *Way to go!*

Lesson 08
構造確認

[ ]=名詞　☐=修飾される名詞　< >=形容詞・同格　( )=副詞
S=主語　V=動詞　O=目的語　C=補語　'=従節

❶ The children start [coming (into the school health center)] (after first period). "I don't feel well," they complain. "I'm tired." The nurse sighs. What is the matter (with these children)? It's not fever, not flu. Pretending to be ill? Not that (either). **❶** How can elementary school children be so weakened (so early (in the day))?

❷ It's not (just) this one school. **❷** (Last year) a survey <of school students> indicated [more than half (routinely) felt under the weather (in the morning)]. It (also) suggested a probable cause — <the children weren't sleeping (enough)>.

❸ Why not? "Watching TV," said 28.7 percent <of the respondents>. "Studying," said 18.4 percent. "No particular reason," said 31.9 percent.

————————構文解説————————

❶ How can S be ～? は「Sが～だということがどうしてありうるのか」の意味。2つの so（それほど）は，前に述べられた具体的な説明を受けている。

❷ 文全体は S indicated (that) ～「Sは～ということを示した」の構造。more than half は「（調査対象となった）生徒たちの過半数」の意味。

【和訳】

❶ 子供たちは，１時間目が終わると学校の保健室に来始める。「気分が悪い，疲れた」と彼らは不満を言う。養護教諭はため息をつく。こうした子供たちは，どこの具合が悪いのだろうか。熱はなく，インフルエンザでもない。仮病を使っているのだろうか。そういうわけでもない。小学生が１日のそんなに早い時間にそれほど弱っているのは，一体どういうわけだろうか。

❷ この学校だけではない。過半数の生徒が決まって午前中に具合が悪くなるということが，生徒を対象とする調査によって昨年明らかになった。その調査は有力な原因も示唆していたが，それは子供たちが十分な睡眠を取っていないということだった。

❸ なぜ子供たちは十分眠っていないのだろうか。「テレビを見る」と回答者の 28.7% が答えた。「勉強」と答えた者は 18.4% だった。「特別な理由はない」と答えた者は 31.9% だった。

重要語句リスト

❶
- [ ] start Ving　　㊪ V し始める
- [ ] come into 〜　　㊪ 〜に入って来る
- [ ] school health center
　　　　　㊪ 学校の保健室
- [ ] period　　㊂（学校の）時限
- [ ] complain　　㊌ 不平を言う
- [ ] nurse　　㊂ 看護師，養護教諭
- [ ] sigh　　㊌ ため息をつく
- [ ] What is the matter with 〜 ?
　　　　　㊪ 〜はどこの具合が悪いのか
- [ ] fever　　㊂ 熱
- [ ] flu　　㊂ インフルエンザ
- [ ] pretend to V　　㊪ V するふりをする
- [ ] not ..... either　　㊪ ..... でもない
- [ ] how　　㊐ どうやって，どうして
- [ ] elementary school child
　　　　　㊂ 小学生
- [ ] weaken　　㊌ 〜を弱らせる

❷
- [ ] survey　　㊂ 調査
- [ ] indicate (that) S V
　　　　　㊪ S が V することを示す
- [ ] more than 〜　　㊪ 〜より多い
- [ ] routinely　　㊐ 決まって，普通に
- [ ] under the weather　　㊪ 体の具合が悪い
- [ ] suggest　　㊌ 〜を示唆する
- [ ] probable　　㊔ ありそうな，もっともな
- [ ] cause　　㊂ 原因
- [ ] enough　　㊐ 十分に

❸
- [ ] percent　　㊂ パーセント
- [ ] respondent　　㊂ 回答者
- [ ] particular　　㊔ 特別の
- [ ] reason　　㊂ 理由

Lesson
08

❹ (Actually), there is a particular reason. The children get (so) little exercise (during the day) that they aren't tired (enough) (for sleep) (at night). The lifestyle <of children <today>> gives them no opportunity <for physical effort>.

15

❺ This is not good (for the spine). Lack <of exercise> leaves the backbone (so) weak it can (barely) support a child's weight. Teachers <who see children slouching (when they stand) and slumping (when they sit)> suspect sullenness. Inattention and disorderly behavior <in class> are (generally) blamed (on emotional problems). But [sitting straight and paying attention]

20

require a physical strength <many children may (no longer) have>.

❻ Everyone knows [that children are less active and (therefore) not as strong (as they used to be)]. But no one appreciated (just) [how bad the damage was]. (Recently) the teachers were shocked (by the results <of the testing <of school children's spinal strength>>).

25

---

3 文全体は，so ～ that ...「非常に～なので…」の構造。they aren't tired enough for sleep at night は「彼ら [子供たち] は夜の睡眠のために十分な [夜に眠れる] ほど疲れていない」の意味。

4 文全体は，S suspect O.「S は O ではないかと思う」の構造。S は Teachers の後ろに who で始まる関係詞節を加えた形。see O ～ ing は「O が～しているのを見る」の意味。and は slouching ～ stand と slumping ～ sit を結び付けている。

5 and は less active と therefore ～ be を結び付けている。less active は「以前ほど活動的ではない」の意味。

❹ しかし実際は，特別な理由がある。子供たちは昼間の運動が少なすぎるために，夜は眠くなるほど疲れていないのである。今日の子供たちの生活様式は，肉体的に努力する機会を彼らに与えていない。

❺ これは，背骨のためにはよくない。運動不足だと，背骨は子供の体重をかろうじて支えることができるほどの弱さのままになる。子供たちが立つときは前かがみになり，座るときはどさっと崩れ落ちるのを見ている教師たちは，不機嫌なのではないかと思う。授業中に注意が散漫であったり落ち着かない行動を取ったりするのは，一般に情緒的な問題のせいだとされている。しかし，まっすぐ座ったり注意を払ったりすることは肉体的な力を必要とし，その力を多くの子供たちはもはや持っていないかもしれないのである。

❻ 子供たちが以前ほど活動的でなく，したがって以前ほど丈夫でないことは，誰もが知っている。しかし，その被害がどの程度深刻なものかを正確に評価した人は誰もいない。最近，学童の背筋力調査の結果によって，教師たちはショックを受けた。

❼

❹

☐ actually	副	（ところが）実は
☐ get exercise	熟	運動をする
☐ so ... that S V	熟	非常に…なのでSはVする
☐ during the day	熟	昼間は
☐ lifestyle	名	生活様式
☐ opportunity	名	機会
☐ physical	形	肉体的な
☐ effort	名	努力

❺

☐ spine	名	背骨
☐ lack	名	不足
☐ leave O C	熟	OをCのままにしておく
☐ backbone	名	背骨
☐ so ... (that) S V	熟	SがVするほど…
☐ weak	形	弱い
☐ barely	副	かろうじて
☐ support	動	～を支える
☐ weight	名	体重
☐ see ～ Ving	熟	～がVしているのを見る
☐ slouch	動	前かがみになる
☐ slump	動	どさっと落ちる
☐ suspect	動	～ではないかと思う，～を疑う
☐ sullenness	名	不機嫌，無愛想
☐ inattention	名	不注意，注意力散漫
☐ disorderly	形	混乱した，騒々しい
☐ behavior	名	行動
☐ in class	熟	授業中に
☐ generally	副	一般に
☐ blame A on B	熟	AをBのせいにする
☐ emotional	形	情緒的な
☐ problem	名	問題
☐ straight	副	まっすぐに
☐ pay attention	熟	注意を払う
☐ require	動	～を必要とする
☐ strength	名	強さ，力
☐ no longer	熟	もはや .....ない

❻

☐ active	形	活動的な
☐ therefore	副	したがって
☐ not as ... as ～	熟	～ほど…ない
☐ appreciate	動	～を評価する，～を識別する
☐ damage	名	害，損害
☐ recently	副	最近
☐ be shocked by ～	熟	～によってショックを受ける
☐ result	名	結果
☐ testing	名	検査，調査
☐ spinal strength	名	背筋力

❼ Spinal strength is important. It's [what allows us to walk (upright)]; (in a
sense), (therefore), it defines us (as a species). (If elementary schools don't
start [taking children hiking] or [introducing some other exercise programs]),
Japan will end up "a country <of monkeys>."

❽ The problem is grave but (easily) solved, {say optimists}. "(If schools have   30
pupils do tug-of-war or sumo (once a week))," {they say}, "spinal strength will
(soon) recover."

❾ Maybe so. But can today's children be induced (to throw themselves (into
such activities))? Tug-of-war is a great sports day event, but once a week? (As
for sumo), it's pretty remote (from the lives <of most preteens>).   35

----

6 If 節の V′ は don't start A or B「A も B も始めない」で，A・B は動名詞 (taking と introducing)
で始まる句。take O hiking は「O をハイキングに連れて行く」の意味。「猿の国」とは，猿
のような姿勢で歩く人々が住む国ということ。

7 通常の語順では They say (that) if schools 〜 week, spinal 〜 . になる。この文では they
[=optimists] say「彼らが言うには」を補足説明として使っている。have O do は「O に〜
させる」の意味 (have は使役動詞)。

❼ 背筋力は重要である。背筋力こそ，我々が直立して歩くことを可能にする力であり，したがってある意味で，背筋力が我々を１つの種として定義づけている。小学校が子供たちをハイキングに連れて行ったり，何か他の運動行事を導入したりし始めなければ，日本は最後には「猿の国」になってしまうだろう。

❽ 問題は深刻であるが，簡単に解決できる，と楽観主義者たちは言う。「学校が生徒に週に一度綱引きか相撲をやらせれば，背筋力はすぐに回復するだろう」と彼らは言う。

❾ たぶんそうだろう。しかし，今日の子供たちがそんな活動に自ら参加するよう仕向けることが可能だろうか。綱引きは運動会の人気行事だが，週に一度だとどうだろうか。相撲に関しては，13歳未満のほとんどの子供たちの生活からは，かなりかけ離れているのである。

☐ important	形	重要な
☐ what V	熟	Vするもの［こと］
☐ allow 〜 to V	熟	〜がVすることを許す
☐ upright	副	直立して
☐ in a sense	熟	ある意味では
☐ define A as B	熟	AをB と（して）定義する
☐ species	名	（生物の）種（しゅ）
☐ take 〜 hiking	熟	〜をハイキングに連れて行く
☐ introduce	動	〜を導入する
☐ other	形	他の
☐ program	名	プログラム，行事
☐ end up 〜	熟	結局〜になる
☐ monkey	名	猿

❽

☐ grave	形	深刻な
☐ easily	副	容易に
☐ solve	動	〜を解決する
☐ optimist	名	楽観主義者，楽天家
☐ have 〜 V	熟	〜にVさせる
☐ pupil	名	生徒
☐ tug-of-war	名	綱引き
☐ sumo	名	相撲
☐ once a week	熟	週に一度
☐ recover	動	回復する

❾

☐ maybe	副	たぶん
☐ induce 〜 to V	熟	〜をVする気にさせる
☐ throw A into B	熟	AをBに投げこむ
☐ such	形	そのような
☐ activity	名	活動
☐ sports day	名	運動会
☐ event	名	行事
☐ as for 〜	熟	〜に関しては
☐ pretty	副	かなり
☐ be remote from 〜	熟	〜から離れている
☐ lives	名	life（生活）の複数形
☐ most	形	ほとんどの
☐ preteen	名	13歳未満の子供

Lesson
08

END　　105

Please teach me, teacher!

Q 長文問題を解いた後，
どのように復習すればよいですか？

A 問題集のレベルが上がっていくにしたがって，長文のレベルに加え，それ
ぞれの設問のレベルも上がっていきます。長文で点を取るためには，英文
を読めるということと同時に，設問に対処する能力も一緒に磨いていかなくては
なりません。それぞれの英文を何度も音読したり，ネイティブ音声を聞いて理解
したりという長文自体を読む訓練は当然続けなくてはなりませんが，長文読解の
問題で得点を上げるためには設問をいかにして解くかということもしっかりと学
習する必要があります。

　設問を学習する際にはまず，本書の解答・解説をよく読み，どうしてその答え
になるのか，そしてどうしてその選択肢は違うのかという1つ1つの解答の根拠
や，選択肢を消去する理由をしっかりと学習する必要があります。

　また，ただそれを一度だけ学習するのではなく，間隔をおいて，それらの設問
を正しいプロセスで早く解く訓練をしてほしいと思います。そうすることによっ
て正しいプロセスで問題を解く手順を自分の体に染み込ませることができるので
す。

　確かに同じ設問がもう一度出てくることはないのかもしれませんが，このよう
に基礎的な動きを反射的に行うことができれば，別の設問が出てきた場合にもそ
れを利用して臨機応変に対応できるようになるのです。

　スポーツの世界でも基本的な型を刷り込むことが重視されますが，このような
反復訓練によって，皆さんは基本的な型を身につけることができるのです。

LV4
STAGE-3

Lesson 09
問題文

LEVEL-4

09

単語数 ▶ 366 words
制限時間 ▶ 20 分
目標得点 ▶ 40 / 50点

DATE

■次の英文を読み，あとの設問に答えなさい。

Traveling in a foreign country can be a total disaster, especially if you are unfamiliar with the social norms. Everything from where you stand to how you move your hands can be insulting. To avoid embarrassing situations, it's helpful to learn some basic etiquette before you head off to your next travel destination.

When initiating a conversation, note how close you are standing to the person opposite you. Personal space is an essential concept in many cultures, and how much or little you give often affects the first impression you make. For example, in most Western nations, locals do not like standing close to one another. In these countries, it is customary for people to back away when they feel their space has been violated. On the other hand, South Americans stand in close proximity to one another. When you are meeting one of them, keep in mind that it's disrespectful to step backwards during a conversation. A good rule of thumb is to stand at least an arm's length away from your speaking partner.

Another thing to consider when greeting someone is whether or not to shake hands. While it is appropriate to do so in some places, in others it will be damaging to your reputation. Take Thailand, for instance. Thai people generally find it unacceptable to make any public physical contact with members of the opposite sex. Conversely, in France, men will often kiss the cheeks of female acquaintances. If you don't know whether or not you should shake hands, it is advisable to wait for the other person to make the first move.

The next question is what you will be doing with your hands during other types of interactions. In Hindu and Islamic cultures, the left hand is regarded as unclean; therefore, you should never shake hands or pass things to people with your left hand. In Asia, it is important to use both hands when giving and accepting items; otherwise, you'll appear careless and impolite.

Seemingly simple encounters can actually be quite complicated. Be aware of what is considered courteous in other cultures. Doing a little research in advance can ensure that your cross-cultural experiences are rewarding instead of embarrassing.

Lesson
09

(1) What is this passage mainly about?

1 The best way to shake hands with people from foreign countries.

2 How to quickly make friends with local people.

3 Traveling to the most cultural places in foreign countries.

4 How to get along with people from different cultures.

(2) What would be considered rude in South America?

1 Standing close to one another.

2 Moving away from someone during a conversation.

3 Shaking hands with someone who is older than you.

4 Accepting items with only one hand.

(3) If you are not sure about shaking hands with someone, what should you do?

1 Keep from shaking anyone's hand.

2 Always shake hands when you are introduced.

3 Watch what the other person does first.

4 Kiss the cheeks of female acquaintances.

(4) Why shouldn't you pass things to people with your left hand in Hindu and Islamic cultures?

1 Because it is important to use both hands when passing things to people.

2 Because people in Hindu and Islamic cultures consider the left hand unclean.

3 Because you will appear careless and impolite.

4 Because it is important to do a little research in advance for your cross-cultural experiences.

(5) According to this article, which of the following is NOT true?

1 It's helpful to learn some basic etiquette before you travel in order to avoid embarrassing situations.

2 People do not like standing close to one another in most Western countries.

3 Thai people generally find it acceptable to make public physical contact with people of the opposite sex.

4 It is important to use both hands when giving and accepting items in Asia.

解　答　用　紙					
(1)		(2)		(3)	
(4)		(5)			

解答・解説

(1) この記事は主に何についてか？

1 外国人と握手をするための最善の方法。

2 地元の人とすぐに友達になる方法。

3 外国で最も文化的な場所に旅行すること。

④ 異なる文化の人と仲良くやっていく方法。

▶記事の主題を選ぶ問題。記事を通じて，異文化を理解することについて書かれているので，これを上手く言い換えている **4** が正解。旅行や握手といったキーワードは登場するが，あくまでも説明をわかりやすくするために部分的に用いられた例であり，記事の主題ではない。

(2) 南米で無礼だとみなされる可能性があるのは何か？

1 お互いの近くに立つこと。

② 会話の途中に相手から遠ざかること。

3 自分よりも年上の人と握手をすること。

4 品物を片方の手だけで受け取ること。

▶南米の文化については，**第 2 段落**の後半部分に書かれている。**第 2 段落**第 6 文から「会話の間に後ろへ退がる」ことが失礼だとわかるため，これと同じ内容の **2** が正解。step backwards が move away from someone と言い換えられている。このように選択肢は別の表現に言い換えられることも多いので，普段から言い換え表現に慣れておくとよい。

(3) 握手をすることについて確信が持てない場合，あなたは何をするべきか？

1 誰とも握手をしない。

2 紹介された時には必ず握手をする。

③ まず他の人がどうするかを見る。

4 女性の知人の頬にキスをする。

▶握手については，**第 3 段落**に書かれている。**第 3 段落**最終文で，握手をすることについて確信が持てない場合には「相手が初めに行動を起こすのを待つ」ように書かれている。wait for the other person to make the first move を watch what the other person does first と言い換えた **3** が正解。

（4）　ヒンドゥー教とイスラム教の文化で人々に左手で物を渡すべきではない

のはなぜか？

1　物を渡す時には両手を使うことが大切だから。

2　ヒンドゥー教とイスラム教の文化の人々は左手を不浄と考えているから。

3　不注意で無礼だと思われるから。

4　異文化間体験について，前もって少し情報収集しておくことが重要

だから。

▶ヒンドゥー教とイスラム教の文化については，**第4段落**に書かれてい

る。**第4段落**第2文の内容に一致する **2** が正解。

（5）　この記事によると，下記のうち正しくないのはどれか？

1　厄介な事態を避けるために，旅行をする前に基本の礼儀作法を身に

つけるのが有益だ。

→**第1段落**最終文に一致する。

2　西洋の国々の大半では，人々はお互いの近くに立つことを好まない。

→**第2段落**第3文に一致する。

3　タイの人々は一般的に，公の場所で異性の人と身体的な接触をする

ことを受け入れられると感じる。

→**第3段落**第4文「タイの人々は一般的に，公の場所で異性の人と

身体的な接触をすることを受け入れられないと感じる」に矛盾する。

unacceptable は acceptable の反義語。

4　アジアでは，品物を渡したり受け取ったりするときには両方の手を使

うことが大切だ。

→**第4段落**最終文に一致する。

▶記事の内容と一致しないものを問う問題。このように，問題文中の「一

致しない」や NOT という表現を見逃さないように気をつける。

正　解		
（1）(10点) **4**	（2）(10点) **2**	（3）(10点) **3**
（4）(10点) **2**	（5）(10点) **3**	

得点	（1回目）／50点	（2回目）	（3回目）	CHECK YOUR LEVEL	0〜30点 ➡ *Work harder!* 31〜40点 ➡ *OK!* 41〜50点 ➡ *Way to go!*

❶ [Traveling in a foreign country] can be a total disaster, (especially) (if you
are unfamiliar (with the social norms)). [■Everything <from [where you stand]
to [how you move your hands]>] can be insulting. (To avoid embarrassing
situations), it's helpful [to learn some basic etiquette (before you head off (to
your next travel destination))].

❷ (When initiating a conversation), note [how close you are standing (to the
person <opposite you>)]. Personal space is an essential concept (in many
cultures), and [how much or little you give] (often) affects the first impression
<you make>. (For example), (in most Western nations), locals do not like
[standing close to one another]. (In these countries), it is customary [for people
to back away (when they feel [their space has been violated])]. (On the other
hand), South Americans stand (in close proximity to one another). (When you
are meeting one of them), keep in mind [that it's disrespectful [to step
backwards (during a conversation)]]. A good rule of thumb is [to stand (at
least) an arm's length away from your speaking partner].

―――――――――― 構文解説 ――――――――――

■ Everything from A to B は「AからBに至るまですべてのもの」の意味。A「あなたが立つ
場所［どこに立つか］」，B は「あなたが手を動かす方法［どのように手を動かすか］」。where
と how は関係副詞と考えてもよいし，A・B のそれぞれを間接疑問と考えてもよい。

■ and は２つの文を結びつけている。後半の S（how ～ give）は間接疑問，you make は the
first impression を修飾する関係詞節（make an impression ＝印象を与える）。

【和訳】

❶ 特に，あなたが社会の規範に精通していない場合，外国で旅行をすることは完全な失敗になりうる。あなたが立つ場所から，手を動かす方法までもが失礼になりうる。厄介な事態を避けるためには，次の旅の目的地に向かう前に基本の礼儀作法を身につけるのが有益だ。

❷ 会話を始めるときは，あなたが向かい側の人からどれだけ近いところに立っているかに注意を払うように。個人空間は多くの文化において，極めて重要な概念であり，あなたがどれだけ多く個人空間を与えるかは，しばしばあなたの第一印象に影響する。例えば，西洋の国々の大半では，地元の人々はお互いの近くに立つことを好まない。これらの国々では，自分の空間が侵害されたと思った際，人々は後ろへ退がるのが慣例である。一方で，南米人はお互いのすぐ近くに立つ。あなたが彼らのうちの一人に会うときは，会話の間に後ろへ退がるのは失礼だということを心に留めておくように。おおよその目安として，話し相手から少なくとも腕一本分離れて立つのが良いだろう。

重要語句リスト

❶

country	名	国
total	形	完全な
disaster	名	失敗
especially	副	特に
unfamiliar with	熟	～に精通していない
norm	名	規範
from A to B	熟	A から B まで
where S V	熟	S が V する場所
		→ where は先行詞(the place)が省略された関係副詞
stand	動	立つ
how S V	熟	S が V する方法
move	動	～を動かす
insulting	形	無礼な
avoid	動	～を避ける
embarrassing	形	厄介な
situation	名	事態
helpful	形	有益な
basic	形	基本の
etiquette	名	礼儀作法
before S V	熟	S が V する前に
head off	熟	向かう
next	形	次の
travel	名	旅
destination	名	目的地

❷

initiate	動	～を始める
close to	熟	～に近い
opposite	前	～の向かい側に，～の反対側に
space	名	空間
essential	形	極めて重要な
concept	名	概念
affect	動	～に影響する
first impression	名	第一印象
for example	熟	例えば
Western	形	西洋の
nation	名	国
local	名	地元の人
like Ving	熟	V するのを好む
one another	熟	お互い
customary	形	慣例の
back away	熟	後ろへ退がる
feel S V	動	S が V だと思う
violate	動	～を侵害する
on the other hand	熟	一方で
South American	名	南米人
in close proximity to	熟	～のすぐ近くに
keep in mind that S V	熟	S が V するということを心に留めておく
disrespectful	形	失礼な
step backwards	熟	後ろへ退がる
during	前	～の間に
rule of thumb	名	だいたいの目安
at least	熟	少なくとも～
length	名	長さ
away from	熟	～から離れて

Lesson
09

❸ [Another thing] <to consider (when greeting someone)> is [whether or not
to shake hands]. (While it is appropriate [to do so (in some places)]), (in others)
it will be damaging (to your reputation). Take Thailand, (for instance). Thai
people (generally) find it unacceptable [to make any public physical contact
(with [members] <of the opposite sex>)]. (Conversely), (in France), men will
(often) kiss [the cheeks] <of female acquaintances>. (If you don't know
[whether or not you should shake hands]), it is advisable [to wait for the other
person to make the first move].

❹ The next question is [what you will be doing (with your hands (during other
types of interactions))]. (In Hindu and Islamic cultures), the left hand is
regarded as unclean; (therefore), you should never shake hands or pass things
(to people (with your left hand)). (In Asia), it is important [to use both hands
(when giving and accepting items)]; (otherwise), you'll appear careless and
impolite.

❺ (Seemingly) simple encounters can (actually) be quite complicated. Be
aware of [what is considered courteous (in other cultures)]. [Doing a little
research (in advance)] can ensure [that your cross-cultural experiences are
rewarding (instead of embarrassing)].

20

25

30

---

❸ 文全体は S is C.「S は C だ」の構造。to consider は another thing を修飾する形容詞的用
法の不定詞。whether or not to do は「～すべきかどうか」の意味。

❹ セミコロンは 2 つの文を結び付けている。A is regarded as B は「A は B だとみなされてい
る」(regard A as B＝A を B とみなす) の意味。or は shake hands と pass things to people
を結び付けている。

❺ 文全体は S can ensure that ～「S は～ということを確実にしうる」の構造。S は動名詞の
Doing で始まる名詞句。A instead of B は「B の代わりに [B ではなく] A」の意味。

❸ 誰かにあいさつをするときに考えるもう1つのことが，握手をするかどうかだ。そのようにするのが適切である場所もある一方で，他の場所では，握手をすることがあなたの評判に悪影響を及ぼすこともある。タイを例にとってみよう。タイの人々は一般的に，公の場所で異性の人と身体的な接触をすることを受け入れられないと感じる。対照的に，フランスでは，男性はしばしば女性の知人の頬にキスをする。もしあなたが握手をするべきかどうかわからない場合には，相手が初めに行動を起こすのを待つのが賢明だ。

❹ 次の疑問は，他の種類の触れ合いの間に手をどうするかということである。ヒンドゥー教とイスラム教の文化では，左手は不浄だと考えられている。それゆえに，あなたは決して左手で握手をしたり，物を人に渡したりするべきではない。アジアでは，品物を渡したり受け取ったりする際，両方の手を使うことが大切だ。そうでなければ，あなたは不注意で無礼であるように見えてしまう。

❺ 一見単純な出会いは，実際にはかなり複雑になりうる。他の文化では何が礼儀正しいとみなされるかを知っておこう。前もって少しの情報収集をしておくことで，あなたの異文化間体験は確実に，厄介なものではなく，価値のあるものになるだろう。

❸
☐ consider	動	～を考える
☐ whether or not to V	熟	V するかどうか
☐ shake hands	熟	握手する
☐ while S V	接	S が V する一方で
☐ appropriate	形	適切な
☐ damaging to	熟	～に悪影響を及ぼす
☐ reputation	名	評判
☐ take ～, for instance	熟	～を例にとる
☐ Thailand	名	タイ
☐ Thai	形	タイの
☐ generally	副	一般的に
☐ find it C to V	熟	V するのは C だと感じる
☐ unacceptable	形	受け入れられない
☐ public	形	公の
☐ physical	形	身体の
☐ contact	名	接触
☐ member	名	一員
☐ the opposite sex	名	異性
☐ conversely	副	対照的に
☐ kiss	動	～にキスをする
☐ cheek	名	頬
☐ female	形	女性の
☐ acquaintance	名	知人
☐ advisable to V	熟	V するのが賢明だ
☐ wait for O to V	熟	O が V するのを待つ
☐ make the first move	熟	初めに行動を起こす

❹
☐ interaction	名	触れ合い
☐ Hindu	形	ヒンドゥー教の
☐ Islamic	形	イスラム教の
☐ regard O as C	熟	O を C と考える
☐ unclean	形	不浄の
☐ therefore	副	それゆえに
☐ pass O to	熟	～に O を渡す
☐ accept	動	～を受け取る
☐ otherwise	副	そうでなければ
☐ appear C	熟	C のように見える
☐ careless	形	不注意な
☐ impolite	形	無礼な

❺
☐ seemingly	副	一見
☐ simple	形	単純な
☐ encounter	名	出会い
☐ actually	副	実際は
☐ quite	副	かなり
☐ complicated	形	複雑な
☐ aware of	熟	～を知っている
☐ consider O C	熟	O を C とみなす
☐ courteous	形	礼儀正しい
☐ a little	熟	少しの
☐ research	名	情報収集
☐ in advance	熟	前もって
☐ ensure that S V	熟	確実に S が V する
☐ cross-cultural	形	異文化間の
☐ experience	名	体験
☐ rewarding	形	価値のある
☐ instead of	熟	～の代わりに

Lesson
09

END　117

Lesson 10
問題文

単 語 数 ▶ 372 words
制限時間 ▶ 20 分
目標得点 ▶ 40 ／50点

DATE

■次の英文を読み，あとの設問に答えなさい。

Many animal species learn things from the experience and the work of others socially. When (a)they socially learn and develop different ways of doing things, biologists now speak of culture. In this very broad view, many animal species live in culturally distinct groups, including a variety of species of birds like penguins, marine mammals like dolphins, and apes like chimpanzees. Humans, of course, are the (1) cultural species. Unlike their nearest great-ape relatives, (b)who all live in Africa or Asia, humans have spread out all over (c)the globe. Everywhere they go, they invent new tools and practices for dealing with the demands of the local environment. In the Arctic, people build igloos* and hunt fish in boats, whereas in the Tropics* they build straw huts and hunt animals with bows and arrows. For humans such tools and practices are (d)necessities. Few humans could survive in either the tundra* or a tropical rainforest without (e)them.

There are (f)two apparent characteristics of human culture (g)that mark it as unique. The first is what has been called (h)collective cultural evolution. Human tools and practices often become more complex over time. (i)An individual invents a tool or way of doing things that deals with the demands of the local environment, and others quickly adopt it. But then if another individual makes some improvement, everyone, including developing children, tends to (2) the new and improved version.

This means that individual humans culturally (j)inherit tools and behavioral practices that represent the collective wisdom of their ancestors. To date, no animal species other than humans has been observed to have such collective cultural evolution over time.

The second feature of human culture that marks it as unique is the creation of social institutions. Social institutions are sets of behavioral practices guided by various kinds of rules. For example, all human cultures have rules for sharing or trading food and other valuable objects. As a different example, all human cultures have rules for marriage. Other sets of rules create leaders of the group, such as chiefs and presidents, who have special rights to make decisions and new rules for the group. Until now, no animal species other than humans has been observed to have anything even resembling such social institutions.

Lesson
10

*　the Arctic（北極圏）
　igloo（イグルー〔北極地方の人々が氷雪のかたまりで造る冬の住居〕）
　the Tropics（熱帯）　　the tundra（ツンドラ）

Lesson 10
設問

(**1**) 下線部(a)が指すものとして最も適切なものを，次の選択肢の中から 1 つ
選びなさい。

1 biologists **2** the work of others

3 things **4** animal species

(**2**) (**1**) に当てはまる最も適切なものを，次の選択肢の中から 1 つ選び
なさい。

1 young **2** typical

3 demanding **4** variety

(**3**) 下線部(b)が指すものとして最も適切なものを，次の選択肢の中から 1 つ
選びなさい。

1 distinct groups **2** their nearest great-ape relatives

3 humans **4** animal species

(**4**) 下線部(c)の意味として最も適切なものを，次の選択肢の中から 1 つ選び
なさい。

1 the nation **2** the Internet

3 the world **4** the country

(**5**) 下線部(d)と置き換えられるものとして最も適切なものを，次の選択肢の
中から 1 つ選びなさい。

1 extra **2** essential

3 additions **4** auditions

(6) 下線部(e)が指すものとして最も適切なものを，次の選択肢の中から1つ選びなさい。

   1 groups and species   **2** bows and arrows

   3 tundra and rainforests   **4** such tools and practices

(7) 下線部(f)の説明として最も適切なものを，次の選択肢の中から1つ選びなさい。

   1 collective cultural evolution and social institutions

   2 collective cultural evolution and behavioral practices

   3 human tools and social institutions

   4 developing children and trading food

Lesson
10

(8) 下線部(g)と近い意味・用法の that を含む文を，次の選択肢の中から1つ選びなさい。

   1 There are more people that will come to our store.

   2 That was an amazing film, and I enjoyed it very much.

   3 Do you see that person standing near the post?

   4 He believes that imagination is more important than knowledge.

(9) 下線部(h)の意味として最も適切なものを，次の選択肢の中から1つ選びなさい。

   1 separate   **2** individual

   3 shared   **4** nice

（**10**） 下線部(i)が示す内容として最も適切なものを，次の選択肢の中から1つ選びなさい。

1 ある者が地域の環境に応じた道具やシステムを開発すると，他の者たちはすぐにそれを否定する。

2 ある者が地域の環境に適した道具や方法を発明すると，他の者たちはすぐにそれを取り入れる。

3 ある者が地域の住民の要求に応える道具ややり方を開発すると，他の者たちはすぐにそれを改良する。

4 ある者が環境に適した道具や方法を学ぶと，他の者たちはすぐ別の方法を発明する。

（**11**） （　**2**　）に入れるのに最も適切なものを，次の選択肢の中から1つ選びなさい。

1 buy　　　　　　　　**2** become

3 use　　　　　　　　**4** feature

（**12**） 下線部(j)の意味として最も適切なものを，次の選択肢の中から1つ選びなさい。

1 acquire　　　　　　**2** fail

3 lose　　　　　　　　**4** raise

（**13**）本文の内容と一致するものを，次の選択肢の中から2つ選びなさい。

1 人間はいつでも地域の人々の要求に応じて道具を発明する。

2 人間は道具がなくても，北極圏や熱帯雨林で生きていくことができる。

3 人間の発明する道具は時として環境を破壊することがある。

4 社会制度とは様々な種類の規則により定められた慣習から成り立っている。

5 すべての人間の文化には結婚について定められた規則がある。

6 動物にとって，道具や慣習は必要の無いものである。

Lesson
10

解　答　用　紙			
（1）		（2）	
（3）		（4）	
（5）		（6）	
（7）		（8）	
（9）		（10）	
（11）		（12）	
（13）			

解答・解説

(1)　**1**　生物学者　　　　　　**2**　他の個体の成果
　　　　3　物　　　　　　　　　**④**　動物の種

　▶代名詞の多くは直前の文の名詞を指す。they は複数名詞の反復を避ける代名詞。下線部 they に対する動詞が learn であることから，この they は直前の文の生物である animal species と判断できる。

(2)　**1**　若い　　　　　　　　**②**　典型的な
　　　　3　きつい　　　　　　　**4**　多様さ

　▶直前の文では「多くの動物の種が文化的に異なったグループで生きている」と説明があり，いくつかの動物の種が例として列挙されている。それらの種に対して，人類がどのような「文化的種」であるかを示す単語が入るので，選択肢の中の typical（典型的な）を入れるのが適切である。

(3)　**1**　異なったグループ　　　**②**　最も近い同類の大型類人猿
　　　　3　人類　　　　　　　　**4**　動物の種

　▶ who は主に直前の「人」を先行詞とする主格の関係代名詞。直前を見てみると，先行詞は their nearest great-ape relatives「最も近い同類の大型類人猿」とわかる。大型類人猿は動物だが，ペットや人間に近い動物に対しても，which ではなく who を使うことがある。

(4)　**1**　国　　　　　　　　　　**2**　インターネット
　　　　③　世界　　　　　　　　**4**　国

　▶ the globe は「地球」や「世界」を表す単語。よって，言い換えとしては the world が適切である。

(5)　**1**　余分の　　　　　　　　**②**　不可欠の
　　　　3　加えられた物　　　　**4**　オーディション

　▶ necessity（necessities は複数形）は「必需品」という意味の単語。これに近い意味を持つのは essential（不可欠の）である。下線部を含む文の主語は such tools and practices，動詞は be 動詞の are で，補語の部分には名詞だけでなく形容詞を入れることもできる。For humans such tools and practices are essential. のように文法的にも成立している。

(6)　**1**　グループと種　　　　　　**2**　弓と矢
　　　　3　ツンドラと熱帯雨林　　**④**　そのような道具と慣行
　　▶代名詞の多くは直前の文の名詞を指す。them は複数名詞の反復を避
　ける代名詞。「**それら**［道具や慣例］無しで，ツンドラや熱帯雨林で生き
　延びることができる人類はほとんどいないだろう」という内容から，them
　は直前の文の such tools and practices を指していると判断できる。

(7)　**①**　集団的な文化的進化と社会制度
　　　　2　集団的な文化的進化と行動的慣例
　　　　3　人類の道具と社会制度
　　　　4　発達途中の子供たちと食糧の交換
　　▶下線部「人類の文化の 2 つの明らかな特徴」については，その後で具
　体的に説明されている。**第 2 段落**第 2 文「1 つ目は，**集団的な文化的進
　化と呼ばれてきたものだ**」と**第 3 段落**第 1 文「人類の文化を唯一のもの
　として特徴づける 2 つ目の特徴は，**社会制度**の創造である」から，下線
　部が表すのは collective cultural evolution（集団的な文化的進化）と
　(the creation of) social institutions（社会制度）だとわかる。

(8)　**①**　私たちのお店にこれから来る人はもっとたくさんいるだろう。
　　　　2　それはすばらしい映画で，私はとても楽しんだ。
　　　　3　ポストの近くに立っているあの人が見えますか？
　　　　4　彼は想像力が知識よりも重要であると信じている。
　　▶下線部は that 直後に動詞 mark があり，主語が抜けていることがわか
　るため，**主格の関係代名詞**だと判断できる。
　1　more people that will come：more people を先行詞とする**主格の関
　　　係代名詞の that
　2　That was：先行する名詞の反復を避ける**代名詞**の that
　3　that person：「あの人」を意味する**代名詞の形容詞的用法**の that。話
　　　し手から遠いものを指す。
　4　He believes that imagination is：believes の O を作る**名詞節**の that
　したがって，**1** が正解とわかる。

(9) **1** 独立した   **2** 個人の

        ③ 共通の   **4** すばらしい

        ▶ collective は「集団の，共通の」という意味の単語である。この言い換えとしては shared（共通の）が適切である。

(10)   下線部は「ある個体がその土地特有の環境に対応するための道具や何かをする方法を発明し，他の個体がすぐにそれを取り入れる」の意味。よって **2** が適切だと判断できる。adopt（～を取り入れる）という重要単語がポイント。

(11) **1** ～を買う   **2** ～になる

        ③ ～を使う   **4** ～を特集する

        ▶ tend to V は「V する**傾向がある**」という重要表現。直後の目的語 the new and improved version（新しい改良版）とのつながりを見ると，use（～を使う）が適切だと判断できる。

(12) **①** ～を得る   **2** 失敗する

        3 ～を失う   **4** ～を上げる

        ▶ inherit は「～を引き継ぐ」という意味の単語である。この言い換えとしては acquire（～を得る）が最も適切である。

(13) **1** **第 1 段落**第 6 文に「その土地特有の環境に対応するための」とあるが，「地域の人々の要求に応じて」という記述はない。

        2 **第 1 段落**最終文「それら［道具や慣例］無しで，ツンドラや熱帯雨林で生き延びることができる人類はほとんどいないだろう」という記述に矛盾する。

        3 このような記述はない。

        ④ **第 3 段落**第 2 文に一致する。

        ⑤ **第 3 段落**第 4 文に一致する。

        6 このような記述はない。

正　解			
(1) (3点)	4	**(2)** (4点)	2
(3) (4点)	2	**(4)** (3点)	3
(5) (4点)	2	**(6)** (4点)	4
(7) (4点)	1	**(8)** (4点)	1
(9) (4点)	3	**(10)** (4点)	2
(11) (4点)	3	**(12)** (4点)	1
(13) (4点)	4, 5		

得点	（1回目）　　／50点	（2回目）	（3回目）	CHECK YOUR LEVEL	0〜30点 ➡ *Work harder!*　31〜40点 ➡ *OK!*　41〜50点 ➡ *Way to go!*

Lesson 10
構造確認

[ ]＝名詞　　□＝修飾される名詞　＜　＞＝形容詞・同格　（　）＝副詞

S＝主語　V＝動詞　O＝目的語　C＝補語　'＝従節

❶ Many animal species learn things (from [the experience and the work] <of others> (socially)). (When they (socially) learn and develop [different ways] <of doing things>), biologists (now) speak of culture. (In this very broad view), many animal species live (in culturally distinct groups, (including [a variety of species of birds] <like penguins>, [marine mammals] <like dolphins>, and [apes] <like chimpanzees>)). Humans, (of course), are the typical cultural species. (Unlike [their nearest great-ape relatives], <who (all) live (in Africa or Asia)>), humans have spread out (all over the globe). (Everywhere they go), they invent [new tools and practices] <for dealing with [the demands] <of the local environment>>. (In the Arctic), people build igloos and hunt fish (in boats), (whereas (in the Tropics) they build straw huts and hunt animals (with bows and arrows)). (For humans) such tools and practices are necessities. Few humans could survive (in either the tundra or a tropical rainforest (without them)).

構文解説

1 S (humans) + V (have spread out) の前後に副詞の働きをする語句が置かれている。who ～ Asia は前の名詞句に補足説明を加える非制限用法の関係詞節。

【和訳】

❶ 多くの動物の種が，他の個体の経験や成果から社会的に物事を身につける。動物たちが社会的に学習し，物事を行う異なった方法を発達させるとき，生物学者は今では文化について話す。このとても広い見解では，ペンギンのような様々な鳥や，イルカのような海洋哺乳動物，そしてチンパンジーのような霊長類を含む，多くの動物の種が文化的に異なったグループで生きている。もちろん，人類は典型的な文化的種である。アフリカとアジアのみに生息する，最も近い同類の大型類人猿とは異なり，人類は地球のいたるところに分布している。人類はどこに行っても，その土地特有の環境に対応するための新しい道具や慣行を発明する。北極圏ではイグルーを作り，船で魚を捕った。一方，熱帯では，わらの小屋を建てて，弓矢で動物を狩った。人類にとって，そのような道具と慣行は必需品だ。それら無しで，ツンドラや熱帯雨林で生き延びることができる人類はほとんどいないだろう。

重要語句リスト

❶

species	名	（生物の）種
experience	名	経験
work	名	成果
others	代	別の（複数の）人／物
socially	副	社会的に
develop	動	～を発達させる
way of Ving	熟	Vする方法
biologist	名	生物学者
speak of	熟	～について話す
broad	形	広い
view	名	見解
culturally	副	文化的に
distinct	形	異なった
include	動	～を含む
a variety of ～	熟	いろいろな～
penguin	名	ペンギン
marine	形	海の
mammal	名	哺乳動物
dolphin	名	イルカ
ape	名	類人猿
chimpanzee	名	チンパンジー
human	名	人類
of course	熟	もちろん
typical	形	典型的な
unlike	前	～と違って
nearest	形	最も近い
		→形容詞 near の最上級
great-ape	形	大型類人猿の
relative	名	同類の動物
Africa	名	アフリカ
Asia	名	アジア
spread	動	広がる
		spread-spread-spread
spread out	熟	分布する
all over ～	熟	～のいたるところに
the globe	名	地球
everywhere S V	副	（接続詞的に）どこへ
		S が V しても
invent	動	～を発明する
practice	名	慣行
deal with	熟	～に対応する
demand of	熟	～から生じる負担
local	形	その土地特有の
environment	名	環境
the Arctic	名	北極圏
igloo	名	イグルー
hunt	動	～を狩る
A, whereas B	接	A である一方 B
the Tropics	名	熱帯
straw	名	わら
hut	名	小屋
bow	名	弓
arrow	名	矢
such	形	そのような
necessity	名	必需品
few	形	ほとんど～ない
survive	動	生き延びる
either A or B	熟	A か B のどちらか

Lesson

10

❷ There are two apparent characteristics of human culture that mark it (as unique). The first is what has been called collective cultural evolution. Human tools and practices (often) become more complex (over time). An individual invents a tool or way of doing things that deals with the demands of the local environment, and others (quickly) adopt it. But (then) (if another individual makes some improvement), everyone, (including developing children), tends to use the new and improved version. This means that individual humans (culturally) inherit tools and behavioral practices that represent the collective wisdom of their ancestors. (To date), no animal species other than humans has been observed to have such collective cultural evolution (over time).

❸ The second feature of human culture that marks it (as unique) is the creation of social institutions. Social institutions are sets of behavioral practices guided by various kinds of rules. (For example), all human cultures have rules for sharing or trading food and other valuable objects. (As a different example), all human cultures have rules for marriage. Other sets of rules create leaders of the group, (such as chiefs and presidents, who have special rights to make decisions and new rules (for the group)). (Until now), no animal species other than humans has been observed to have anything even resembling such social institutions.

---

2 and は2つの文を結び付けている。that は a tool or way of doing things を先行詞とする主格の関係代名詞。文末の it は a tool 〜 environment を指す。

3 observe は知覚動詞で, observe O do は「O が〜しているところを観測［観察］する」の意味。ここから O を主語にした受動態の文を作ると,（原形不定詞に to がついて）O be observed to do「O が〜しているところを観測される」となる。この文では be が has been（現在完了形）になっている。

❷ 人類の文化には，それを唯一のものとして特徴づける 2 つの明らかな特徴がある。1 つ目は，集団的な文化的進化と呼ばれてきたものだ。人類の道具や慣例は，しばしば時間をかけてより複雑になる。ある個体がその土地特有の環境に対応するための道具や何かをする方法を発明し，他の個体がすぐにそれを取り入れる。しかし，もし他の個体がそれから何らかの改良を行った場合，発達途中の子供たちも含めた全個体が，新しい改良版を使う傾向がある。これは個々の人類が，祖先の集団的な英知を代表する道具や行動的慣例を文化的に継承するということを意味している。今までのところ，人類以外で，このように時間をかけて集団的，文化的進化をすると観測された動物の種はいない。

❸ 人類の文化を唯一のものとして特徴づける 2 つ目の特徴は，社会制度の創造である。社会制度とは，様々な規則によって導かれる一連の行動的慣例のことである。例えば，すべての人類の文化には，食糧や価値のある物を共有したり，交換するための規則がある。異なった例としては，すべての人類の文化には結婚についてのルールがある。他の一連の規則では，集団のために決定をしたり，新しい規則を作るための特別な権利を持つ，長や大統領のような指導者を作る。今まで，人類以外で，このような社会制度に似たものさえ持っている動物の種は観測されていない。

❷

☐ apparent	形	明らかな
☐ characteristic	名	特徴
☐ mark	動	～を特徴づける
☐ unique	形	唯一の
☐ call O C	熟	O を C と呼ぶ
☐ collective	形	集団的な
☐ evolution	名	進化
☐ complex	形	複雑な
☐ over time	熟	時間をかけて
☐ individual	名	個体
☐ adopt	動	～を取り入れる
☐ improvement	名	改良
☐ developing	形	発達途中の
☐ children	名	子供たち
		→名詞 child の複数形
☐ tend to V	熟	V する傾向がある
☐ improve	動	～を改良する
☐ version	名	版
☐ mean that S V	熟	S が V するということ を意味する
☐ individual	形	個々の
☐ inherit	動	～を引き継ぐ
☐ behavioral	形	行動の
☐ represent	動	～を代表する
☐ wisdom	名	英知
☐ ancestor	名	祖先
☐ to date	熟	今までのところ
☐ other than ～	熟	～以外の
☐ observe	動	～を観測する

❸

☐ creation	名	創造
☐ institution	名	制度
☐ set of ～	熟	一連の～
☐ guide	動	～を導く
☐ various	形	様々な
☐ for example	熟	例えば
☐ trade	動	～を交換する
☐ valuable	形	価値のある
☐ object	名	物
☐ marriage	名	結婚
☐ create	動	～を作る
☐ chief	名	長
☐ president	名	大統領
☐ right	名	権利
☐ decision	名	決定
☐ even	副	～さえ
☐ resemble	動	～に似ている

Lesson

10

END　131

Lesson 11
問題文

単 語 数 ▶ **380** words
制限時間 ▶ **20** 分
目標得点 ▶ **40** ／50点

DATE

■次の英文を読み，あとの設問に答えなさい。

Tobacco came to Europe from America in the sixteenth century, and there are some comical stories connected with tobacco's introduction into European society. For example, when one man walked through the streets of London in the time of Shakespeare, smoking a pipe, people thought that he had (A)caught fire and they poured water (**1**) him.

Today some people think that (B)this was no bad thing, because if the man stopped smoking (C)as a result of getting wet, then he was (1)lucky. But, of course, we do not know what (2)happened to that man. All we do know (D)for sure is that millions of people around the world today (E)are hooked on smoking, and find (F)it impossible to give up. Some people say that they do not want to give up smoking, (3)or they will eat more food and (G)put on weight!

So what are governments doing? In the West cigarette (4)advertising is severely limited, if not banned (5)altogether, and it is unusual to see someone smoking (**2**) a television drama now. Most offices and restaurants have smoking and nonsmoking (6)sections, and some have (7)banned smoking completely. The number of smokers in the West has gone down, but, unfortunately, many young people are not listening to the official message. In Britain, for example, the number of very young smokers is (8)rising.

What has gone wrong (**3**) the campaigns of governments and the medical (9)<u>profession</u>? Perhaps because everyone is (**4**) smoking now, it has become the "in thing" to smoke; and this appeals to some young people (H)<u>who want to be different</u>.

25　　But, funnily enough, governments and doctors in the West have changed their minds about drinking.　At one time they thought it must be bad to drink alcohol.　Now doctors are saying that drinking (I)<u>in moderation</u> might be good for some people.　What they are saying is: stick (**5**) a couple of drinks a day; do not mix alcohol and driving;
30　and never offer drinks to young people or to people who might become ill (**6**) drinking.

　　So, one or two drinks may be just what a person needs — or to use an English idiom, "It may be just what the doctor ordered."　But, on the other hand, we can safely say "that even one cigarette is one cigarette too
35　many!"

Lesson
11

（1） 下線部(1)～(9)のもとの語を示してある。文中の意味とほぼ同じ意味の語（句）として最も適切なものを，それぞれの選択肢の中から1つ選びなさい。

(1)　lucky

1 forward　　**2** thoughtful　**3** foolish　　**4** fortunate

(2)　happen

1 appear　　**2** open　　**3** occur　　**4** coincide

(3)　or

1 then　　**2** unless　　**3** moreover　**4** otherwise

(4)　advertise

1 encourage people to buy　　**2** educate

3 commercialize　　　　　　**4** demonstrate

(5)　altogether

1 side by side　　　　**2** always

3 completely　　　　**4** to some extent

(6)　sections

1 flights　　**2** lounges　**3** groups　　**4** areas

(7)　ban

1 permit　　**2** prohibit　**3** allow　　**4** let out

(8)　rise

1 increase　**2** stand　　**3** get up　　**4** progress

(9)　profession

1 occupation　　　　**2** announcement

3 admission　　　　**4** regulation

（**2**）　（　1　）〜（　6　）に当てはまる最も適切なものを，次の選択肢の中か
　　　　ら1つ選びなさい。

　　　1　to　　　　　**2**　through　　　**3**　over

　　　4　against　　　**5**　in　　　　　**6**　with

（**3**）　下線部(A)〜(I)について設問に答えなさい。

　　(A)　この語句の意味として最も適切なものを1つ選びなさい。

　　　1　火を手につかんだ　　　　**2**　火あぶりになった

　　　3　火がついた　　　　　　　**4**　放火をした

　　(B)　この語は何を指しますか。当てはまるものを1つ選びなさい。

　　　1　ロンドンの街を歩くこと　　**2**　パイプをくわえること

　　　3　たばこを吸うこと　　　　　**4**　全身に水をかけられること

　　(C)　この語句とほぼ同じ意味になるものを1つ選びなさい。

　　　1　because he got wet　　　　**2**　as he was insulted by getting wet

　　　3　in order to get wet　　　　**4**　for fear of getting wet

　　(D)　この語句の意味として最も適切なものを1つ選びなさい。

　　　1　for certain　　　　　　　　**2**　on purpose

　　　3　to tell the truth　　　　　　**4**　without hope

　　(E)　この語句の意味として最も適切なものを1つ選びなさい。

　　　1　hold up　　　　　　　　　　**2**　stick to

　　　3　are angry about　　　　　　**4**　are eager to

(F) この語は何を指しますか。最も適切なものを1つ選びなさい。

1 smoking   **2** to give up

3 the world today   **4** All we do know for sure

(G) この語句の意味として最も適切なものを1つ選びなさい。

1 wear   **2** cut   **3** lose   **4** gain

(H) この文のあとに言葉を補う場合，最も適切なものを1つ選びなさい。

1 from other fashions   **2** by smoking

3 from other people   **4** in character

(I) この語句の意味として最も適切なものを1つ選びなさい。

1 軽快に   **2** 節度を持って

3 種類を選んで   **4** 時代に遅れないで

（**4**） 次の各文が本文の内容と一致する場合には **T**，違っている場合には **F** と答えなさい。

(a) Tobacco was introduced to European society in the 16th century.

(b) A man with a pipe was thought to be burning up.

(c) It is easy to give up smoking.

(d) Smoking may help people lose weight.

(e) A television drama in the West is packed with smokers.

(f) More and more British youngsters take up smoking every year.

(g) Young people smoke because tobacco smells nice.

(h) Nowadays doctors recommend drinking to some people.

(i) You can safely drive after drinking.

解 答 用 紙			
(1)	(1)	(2)	(3)
	(4)	(5)	(6)
	(7)	(8)	(9)
(2)	(1)	(2)	(3)
	(4)	(5)	(6)
(3)	(A)	(B)	(C)
	(D)	(E)	(F)
	(G)	(H)	(I)
(4)	(a)	(b)	(c)
	(d)	(e)	(f)
	(g)	(h)	(i)

解答・解説

(1)

(1) **幸運な**

1 前方の   **2** 考え込んだ   **3** 愚かな   **④** 運のよい

(2) **起こる**

1 現れる   **2** 開ける   **③** 起こる   **4** 同時に起こる

(3) **さもないと**

1 それゆえ   **2** （S が V）しない限り

3 さらに   **④** さもないと

(4) **広告する**

① 人々に買うように促進する   **2** 教育する

3 商品化する   **4** 証明する

(5) **完全に**

1 並んで   **2** いつも   **③** 完全に   **4** ある程度まで

(6) **（分割された）部分，区画**

1 飛行   **2** 待合室   **3** 集団   **④** 区域

(7) **禁止する**

1 許可する   **②** 禁止する   **3** 認める   **4** 解放する

(8) **増す**

① 増す   **2** 変わらないでいる

3 起きる   **4** 進歩する

(9) **職業**

① 職業   **2** 発表   **3** 入場許可   **4** 規制

（2）

（1） pour A over B （B の上に A を注ぐ）

（2） in a television drama （テレビドラマの中で）

（3） go wrong with ～ （～がうまくいかない）

（4） be against ～ （～に反対している）

（5） stick to ～ （～を守る）

（6） through ～ （～〔の原因〕によって）

（3）

(A) 「catch fire」は「火がつく」という意味。

(B) this は前文の内容を指すことができる。前文は「they poured water（ 1 ）him」で，（ 1 ）には over が入ることが設問（ 2 ）よりわかる。よって，this の内容は「彼ら〔人々〕が彼に水をかぶせたこと」となるので，**4** が正解。

(C) **①** 彼が濡れたので　　　　　 **2** 彼は濡れたことによって侮辱されたので

　　 3 濡れるために　　　　　　 **4** 濡れないように

　▶ as a result of Ving （V した結果として）。Ving 部分は**原因・理由**を表す。したがって，同じく**原因・理由**を表す接続詞 because で書き換えられた **1** が正解となる。

(D) **①** 確かに　　 **2** わざと　　 **3** 実を言えば　　 **4** 希望なしに

　▶ 「for sure」は「確かに」という意味。

(E) **1** 持ち上げる　　　　　　　 **②** 一心にする

　　 3 ～に腹を立てている　　　 **4** V したいと思う（to V で）

　▶ 「be hooked on ～」は「～に熱中している」という意味。

(F) **1** 喫煙　　　　　　　　　　 **②** ～をやめること

　　 3 今日の世界中　　　　　　 **4** 私たちが確かに知っていること

　▶ it は後ろの不定詞を受ける形式目的語。「find it C to V」は「V することは C だとわかる［思う］」。「find O C」など，第 5 文型を取る動詞の O に it が使われていたら形式目的語を疑ってみる。

(G) **1** 身につけている   **2** 切る

3 減らす   **④** 増す

▶「put on 〜」は「(**体重・速度**) **増す**」と「(服など) 身につける」の意味がある。

(H) **1** 他の流行と   **2** 喫煙によって

③ 他の人たちと   **4** ふさわしい

▶「違う」「同じ」のような, **何かを比べた結果として出てくる表現**を用いる場合, 比べるものは通常「人と人」「色と色」のように, 同じようなものとなる。下線部 (**H**) の関係代名詞 who の先行詞が「some young people ＝人」なので, be different (from 〜) ((〜とは) **違う**) の省略部分にも「人」がくると考えられる。

(I)   in moderation (適度に) と同じ意味の **2** が正解とわかる。また, **第5段落〜第6段落**までの, 「適度な飲酒はある人々にとっては良いことかもしれない」という内容からも, **2** が正解と判断することもできる。

(4) **T** (a) たばこは 16 世紀にヨーロッパ社会へ導入された。

      →**第1段落**第1文の内容に一致する。

T (b) パイプを持った男性は体に火がついていると思われた。

      →**第1段落**最終文の内容に一致する。

F (c) 喫煙をやめるのは簡単だ。

      →**第2段落**第3文「禁煙するのは不可能だと思っている」から, 禁煙が**難しい**とわかる。

T (d) 喫煙は人々がやせる手助けをするかもしれない。

      →**第2段落**最終文「禁煙したくはない, さもないと食べる量が増えて**太ってしまう**」と言っている人がいることから, この内容は正しい。

F (e) 西洋のテレビドラマは喫煙者でいっぱいだ。

      →**第3段落**第2文「今ではテレビドラマの中で誰かがたばこを吸っているのを見ることは**珍しい**」に矛盾する。

T (f) ますます多くのイギリスの子供たちが, 毎年喫煙を始めている。

→**第3段落**最終文の内容に一致する。

F (g) たばこはいい香りがするので，若者たちは喫煙する。

→若者が喫煙する理由として，**第4段落**最終文「喫煙が『はやり』になり，そのことが，**他人とは**違ったことをしたいと思う一部の若者の心をひきつけている」とあり，「いい香りがするので」とは書いていない。

T (h) 近頃，医者たちは飲酒をある人たちに勧めている。

→**第5段落**第3文の内容に一致する。

F (i) 飲酒後，安全に車の運転をすることができる。

→**第5段落**最終文「酒を飲んだら車を運転しない」に矛盾する。

Lesson

11

正　解		
(1) (各1点)		
(1) **4**	(2) **3**	(3) **4**
(4) **1**	(5) **3**	(6) **4**
(7) **2**	(8) **1**	(9) **1**
(2) (各1点)		
（1）**3**	（2）**5**	（3）**6**
（4）**4**	（5）**1**	（6）**2**
(3) (A)は1点 その他は各2点		
(A) **3**	(B) **4**	(C) **1**
(D) **1**	(E) **2**	(F) **2**
(G) **4**	(H) **3**	(I) **2**
(4) (各2点)		
(a) **T**	(b) **T**	(c) **F**
(d) **T**	(e) **F**	(f) **T**
(g) **F**	(h) **T**	(i) **F**

得点	（1回目） ／50点	（2回目）	（3回目）	CHECK YOUR LEVEL	0～30点 ➡ *Work harder!* 31～40点 ➡ *OK!* 41～50点 ➡ *Way to go!*

構造確認

[ ]=名詞　☐=修飾される名詞　< >=形容詞・同格　( )=副詞
S=主語　V=動詞　O=目的語　C=補語　'=従節

❶ Tobacco came (to Europe) (from America) (in the sixteenth century), and
　 S　　V
there are [some comical stories] <connected (with [tobacco's introduction]
　　 V　　 S
<into European society>)>. (For example), (when one man walked (through
　　　　　　　　　　　　　　　　　　　 S'　　 V'
[the streets] <of London> (in the time of Shakespeare), (smoking a pipe))),
people thought [that he had caught fire] and they poured water (over him).
 S　　 V　　 O　 S'　 V'　　 O'　　 S　 V　　 O
❷ (Today) some people think [that this was no bad thing, (because (if the
　　　　　 S　　　 V　　 O　 S'　 V'　 C'　　　　 S'''
man stopped smoking (as a result of [getting wet])), (then) he was lucky)].
 V'''　　 O'''　　　　　　　　　　　　 S''　 V''　 C''
But, (of course), we do not know [what happened (to that man)]. All <we do
　　　　　　　 S　 V　　 O' S'　 V'　　　　 S　 S'' V''
know (for sure)> is [that [millions of people] <around the world> (today) are
 V''　 C　 S'　　　　　　　　　　　　　　 V'①
hooked (on smoking), and find it impossible [to give up]]. Some people say
　　　　　　　　 V'② O'② C'②　　　　　　　 S　　 V
[that they do not want [to give up smoking], or they will eat more food and
 O　 S'　 V'　　　　 O'　　　　 S'　 V'①　 O'①
put on weight]]!
 V'②　 O'②

構文解説

❶ 文全体は when A, B.「A のとき，B だった」の構造。when 節中の smoking ～ は「～しな
がら」の意味の分詞構文。主節中の and は thought ～ fire と they ～ him を結び付けてい
る。

❷ Some people say that ～「～と言う人々もいる」の that の後ろに，A, or B を加えた形。
この or は「さもなければ」の意味で，具体的には（「禁煙したくはない」という内容を受け
て）「（もし）禁煙すると」ということ。

【和訳】

❶ たばこは 16 世紀にアメリカからヨーロッパに渡来したが，ヨーロッパ社会へのたばこの導入に関連した，いくつかの愉快な話がある。例えば，ある男性がシェイクスピアの時代にパイプをふかしながらロンドンの街を歩いていたとき，人々は彼の体に火がついたと思って，彼に水をかぶせた。

❷ 今日では，これは少しも悪いことではなく，なぜなら濡れた結果その男性が禁煙したなら，彼は幸運だったからだと考える人もいる。しかしもちろん，その男性がどうなったか私たちにはわからない。私たちが確かに知っていることは，今日世界中で何百万もの人々が喫煙のとりこになっており，禁煙するのは不可能だと思っているということだけである。禁煙したくはない，さもないと（禁煙すると）食べる量が増えて太ってしまう，と言う人もいる。

重要語句リスト

❶

☐ tobacco	图 たばこ
☐ Europe	图 ヨーロッパ
☐ century	图 世紀
☐ comical	形 こっけいな
☐ (be) connected with ~	熟 ～と結び付いて（いる）
☐ introduction	图 紹介，導入
☐ European	形 ヨーロッパの
☐ society	图 社会
☐ for example	熟 例えば
☐ walk through ~	熟 ～を歩いて通り抜ける
☐ in the time of ~	熟 ～の時代に
☐ Shakespeare	图 シェイクスピア（イギリスの劇作家）
☐ smoke a pipe	熟 パイプをふかす
☐ catch fire	熟 火がつく
☐ pour A over B	熟 Bの上にAを注ぐ

❷

☐ because S V	接 SがVするので
☐ stop smoking	熟 禁煙する
☐ as a result of Ving	熟 Vした結果として
☐ get wet	熟 濡れる
☐ lucky	形 幸運な
☐ of course	熟 もちろん
☐ happen to ~	熟 ～（の身）に起こる
☐ all S V is	熟 SがVするのは ..... だけである
☐ do V	熟 実際［本当］にVする
☐ know ~ for sure	熟 ～を確かに知っている
☐ that S V	接 SがVするということ
☐ millions of ~	熟 何百万もの～
☐ around the world	熟 世界中で［の］
☐ be hooked on ~	熟 ～に熱中している
☐ smoking	图 喫煙
☐ find it C to V	熟 VすることはCだとわかる［思う］
☐ impossible	形 不可能な
☐ give up smoking	熟 禁煙する
☐ ....., or S V	熟 .....，さもなければSはVする
☐ put on weight	熟 太る

Lesson

11

❸ (So) what are governments doing? (In the West) cigarette advertising is (severely) limited, (if not banned (altogether)), and it is unusual [to see someone smoking (in a television drama)] (now). Most offices and restaurants have smoking and nonsmoking sections, and some have banned smoking (completely). The number <of smokers> <in the West> has gone down, but, (unfortunately), many young people are not listening to the official message. (In Britain), (for example), the number <of very young smokers> is rising.

❹ What has gone wrong (with the campaigns <of governments> and the medical profession)? ((Perhaps) because everyone is (against smoking) (now)), it has become the "in thing" [to smoke]; and this appeals (to some young people <who want [to be different]>).

15

20

---

3 not + altogether は「完全に〜だというわけではない」(部分否定)。it is unusual to do は「〜することは普通ではない [まれである]」(it は後ろの不定詞を指す形式主語)。

4 but は2つの文を結び付けている。has gone down は「下がっている」(現時点で完了している出来事を表す現在完了形) の意味。

5 セミコロンと and は2つの文を結び付けている。前半は Perhaps because A, B「もしかしたら A だから，B だ」の構造。it は to smoke を指す形式主語。後半の this は前半の内容を指す。who 〜 different は some young people を修飾する関係詞節。

❸ では，政府は何をしているのだろうか。西洋ではたばこの広告は，完全に禁止されてはいないにせよ厳しく制限されており，今ではテレビドラマの中で誰かがたばこを吸っているのを見ることは珍しい。ほとんどの職場やレストランには喫煙区画と禁煙区画とがあり，喫煙を完全に禁じたところもある。西洋では喫煙者の数は減少しているが，残念なことに，多くの若者は当局のメッセージに耳を傾けてはいない。例えばイギリスでは，非常に若い喫煙者の数が増えている。

❹ 政府のキャンペーンや医師会は，どこがうまくいっていないのだろうか。もしかしたら今や誰もが喫煙に反対しているせいで，喫煙が「はやり」になり，そのことが，他人とは違ったことをしたいと思う一部の若者の心をひきつけているのかもしれない。

❸

☐ government	图 政府
☐ the West	图 西洋
☐ cigarette	图（紙巻き）たばこ
☐ advertising	图 広告
☐ severely	副 厳しく
☐ limit	動 ～を制限する
☐ if not	熟 ..... ではないにせよ
☐ ban	動 ～を禁止する
☐ altogether	副 全く，完全に
☐ unusual	形 珍しい
☐ see ～ Ving	熟 ～がVしているのを見る
☐ drama	图 ドラマ，劇
☐ most	形 ほとんどの
☐ office	图 事務所，職場
☐ restaurant	图 レストラン
☐ smoking section	图 喫煙区画［席］
☐ nonsmoking section	图 禁煙区画［席］
☐ completely	副 完全に
☐ the number of ～	熟 ～の数
☐ smoker	图 喫煙者
☐ go down	熟 下がる
☐ unfortunately	副 残念なことに
☐ official	形 政府の，公式の
☐ message	图 メッセージ，伝言
☐ Britain	图 イギリス
☐ rise	動 上がる，増える

❹

☐ go wrong with ～	熟 ～がうまくいかない
☐ campaign	图 キャンペーン，運動
☐ medical	形 医学の
☐ profession	图 職業
☐ perhaps because S V	熟 もしかしたらSがVするという理由で
☐ be against ～	熟 ～に反対している
☐ in	形 流行している
☐ appeal to ～	熟 ～（の心）に訴える
☐ different	形 違っている

Lesson

11

❺ But, (funnily enough), governments and doctors <in the West> have
changed their minds (about drinking). (At one time) they thought [it must be
bad [to drink alcohol]]. (Now) doctors are saying [that [drinking (in
moderation)] might be good (for some people)]. **6** [What they are saying] is:
[stick (to a couple of drinks (a day)); do not mix alcohol and driving; and never
offer drinks (to young people) or (to people <who might become ill (through
drinking)>)].

❻ (So), one or two drinks may be (just) [what a person needs] — <or (to use
an English idiom), "It may be (just) [what the doctor ordered]."> But, (on the
other hand), we can (safely) say "[that even one cigarette is (one cigarette) too
many]!"

---

6 コロンは具体例などを列挙する場合によく使われる。この文では What they are saying「彼
ら［医師たち］が言っていること」の具体例が，コロンの後ろに A, B, and C の形で挙げら
れている。who ～ drinking は people を修飾する関係詞節。

7 one cigarette too many の one cigarette は，too many を修飾する副詞の働きをしている
（I was ten minutes late「私は 10 分遅刻した」の ten minutes と同様）。even 以下は「たば
こは 1 本も吸ってはいけない」の意味。

❺ しかし，こっけいなことに，西洋の政府や医師たちは，飲酒に関しては心変わりしている。かつて彼らは，酒を飲むことは良くないに違いないと考えていた。今では医師たちは，適度な飲酒はある人々にとっては良いことかもしれないと言っている。彼らが言っているのは，1日に2, 3杯の量を守る，酒を飲んだら車を運転しない，若者や飲酒によって病気になるおそれのある人には決して酒を勧めない，ということである。

❻ だから，1, 2杯の飲酒はちょうど人が必要な量，つまり，イギリスの慣用句を使って言えば「おあつらえ向きの量」かもしれない。しかし一方では，「1本のたばこでさえ1本多すぎる」と言って差し支えないのである。

❺

☐ funnily enough 　熟 こっけいなことだが

☐ change one's mind 　熟 心変わりする

☐ drinking 　名 飲酒

☐ at one time 　熟 かつては

☐ must be C 　熟 Cであるに違いない

☐ alcohol 　名 アルコール，酒

☐ in moderation 　熟 適度に

☐ might be C 　熟 Cであるかもしれない

☐ what S V 　熟 SがVすること［もの］

☐ stick to 〜 　熟 〜を守る，一心にする

☐ a couple of 〜 　熟 2, 3の〜

☐ a day 　熟 1日につき

☐ mix A and B 　熟 AとBを混ぜる

☐ driving 　名 車の運転

☐ offer A to B 　熟 BにAを勧める

☐ through 　前 〜（の原因）によって

❻

☐ person 　名 人

☐ need 　動 必要とする

☐ to use 〜 　熟 〜を使えば

☐ idiom 　名 慣用句

☐ just what the doctor ordered

　　　　熟 望み通り

　　　　［おあつらえ向き］のもの

☐ on the other hand 　熟 他方では

☐ can safely say that S V

　　　　熟 SがVすると言って

　　　　差し支えない

☐ even ..... 　副 ..... でさえ

Lesson
11

END　147

Lesson 12
問題文

単 語 数 ▶ **392** words
制限時間 ▶ **20** 分
目標得点 ▶ **40** ／50点

DATE

■次の英文を読み，あとの設問に答えなさい。

Standing before an audience that included her parents, Malala Yousafzai, the youngest person in history to receive a Nobel Prize, stated, "Let this be the last time that a girl gets forced into early child marriage. Let this be the last time a child remains out of school. Let us begin this ending." 5

Born in Pakistan in 1997, Malala grew up in an area controlled by the Taliban,* who often used violence to prevent girls from going to school. When she was only eleven years old, she gave a speech titled "How dare the Taliban take away my basic right to education?"

Malala continued to speak out about her right, and the right of all 10 women, to an education. When she was 14, Malala and her family learned that the Taliban had issued a death threat against her. Though Malala was (a)concerned about the safety of her father, she and her family at first felt that the terrorist group would not actually harm a child. However, on October 9, 2012, on her way home from school, a man 15 (b)boarded the bus Malala was riding in and demanded to know which girl was Malala. When her friends looked toward Malala, her location was given away. The man fired at her, hitting Malala in the left side of her head; the bullet then traveled down her neck. Two other girls were also injured in the attack. 20

Surviving the attack, Malala brought an important symbol with her to the Nobel Prize Award Ceremony in Oslo: the bloody uniform she was wearing when she was shot on the school bus. "Education went from being a right to being a crime," she said. "But when my world suddenly changed, my priorities changed, too. I had two (c)alternatives. One was to remain silent and wait to be killed. And the second was to speak up and then be killed. I chose the second one. I decided to speak up."

Malala is committed to an issue that needs attention. (1) research by UNICEF*, over 60 million girls worldwide did not attend school in 2011. Although there are many reasons for this, including limited resources, a lack of teachers, and family priorities, much of it is still caused by discrimination. And as Malala's story shows, girls too often face physical violence when they attempt to gain access to education.

Lesson
12

---

* Taliban（ターリバーン〔アフガニスタンのイスラーム原理主義集団〕）
  UNICEF（ユニセフ，国連児童基金）

（**1**） 下線部(a), (b), (c)に代わる語句として最も適切なものを，それぞれの選択肢の中から１つ選びなさい。

(a) concerned

1 annoyed　　**2** excited　　**3** surprised　　**4** worried

(b) boarded

1 blocked　　**2** got on　　**3** got off　　**4** saw

(c) alternatives

1 answers　　　　　**2** opportunities

3 options　　　　　**4** requirements

（**2**） （　1　）に当てはまる最も適切なものを，次の選択肢の中から１つ選びなさい。

1 According to　　　　**2** Because of

3 In addition to　　　　**4** In spite of

（**3**） 第１，２段落の内容と一致するものを，次の選択肢の中から１つ選びなさい。

1 After receiving a Nobel Prize, Malala Yousafzai gave a speech for the first time in her life.

2 Malala spoke against situations in which young girls are made to get married against their will.

3 Malala would like to see the last time when young children skipped school and stayed home.

4 In the area where Malala was raised, girls were prevented from using violence at school.

（4） 第3段落の内容と一致するものを，次の選択肢の中から1つ選びなさい。

1 By demanding women's right to education, Malala and her family threatened to harm Taliban members.

2 Although Malala received a threat from the Taliban, at the beginning she thought she was too young to be a target.

3 When a man demanded to know Malala's location on the bus, she gave away her seat to her friends.

4 The man hit Malala on her head, and then moved down to attack her friends.

（5） 第4，5段落の内容と一致するものを，次の選択肢の中から1つ選びなさい。

1 Soon after the Nobel Prize Award Ceremony, the traditional uniform Malala was wearing during her speech became an important symbol of her survival from the bloody incident.

2 After Malala experienced violence, she realized that it was not right to educate criminals.

3 After the sudden attack, Malala began to think that keeping silent was as important as speaking up in order to protect oneself from violence.

4 Discrimination is one of the reasons that over 60 million girls remain out of school.

解　答　用　紙		
（1） (a)　　　　　　(b)　　　　　　(c)		
（2）	**（3）**	
（4）	**（5）**	

解答・解説

(1)

(a) 〜を心配している

be concerned about 〜と be worried about 〜は，どちらも「〜を心配している」という意味の重要表現。annoyed「いらいらしている」，surprised「驚いている」は concerned の言い換えとしては不適切。surprised は be surprised at 〜の形で使われることが多い。

(b) 〜に乗り込んだ

1 〜を阻止した　　　　　　**②** 〜に乗った
3 〜から降りた　　　　　　**4** 〜を見た

▶ boarded は動詞 board「〜に乗り込む」の過去形。get on 〜「〜に乗る」で書き換えることができる。動詞 get は不規則活用の動詞で，活用は get-got-got［gotten］なので，got on が正解。

(c) 選択肢

1 答え　　　　　　　　　　**2** 機会
③ 選択肢　　　　　　　　　**4** 必要なもの

▶ alternative と option にはどちらも「選択肢」という意味がある。それ以外の単語は，alternative の言い換えとしては不適切。

(2) **①** 〜によれば　　　　　　**2** 〜の（理由の）ために
　　　3 〜に加えて　　　　　　**4** 〜にもかかわらず

▶重要表現 according to 〜（〜によれば）を問う問題。直後の research「調査」以降に，2011 年当時の内容が記されているのがヒント。

(3) **1** ノーベル賞を受賞した後，マララ・ユスフザイは人生で初めてスピーチをした。

→**第 2 段落**最終文より，ノーベル賞受賞以前にもマララがスピーチをしていたことが読み取れる。

② マララは，若い少女たちが自分の意志に反して結婚を強いられている状況に対抗してスピーチをした。

→**第 1 段落**第 1 文におけるマララの発言「少女が子供ながらにして結

婚を強いられるのは，これで最後にしましょう」に一致する。このように，本文を要約するような形で選択肢が書かれることも多いので，注意したい。

3 マララは，若い子供たちが学校を休んで家にいるのが最後になるところを見たい。

→**第1段落**最終文でマララは「子供が学校に行けないのはこれで最後にしましょう」と言っているが，子供たちが学校を休んで家にいるのを最後にするという発言はない。

4 マララが育てられた地域では，少女たちが学校で暴力を行使することは阻止されていた。

→**第2段落**第1文に「タリバンは少女たちが学校へ行くのを妨げるため，しばしば暴力を行使した」とあるが，少女たちが暴力を行使することについての記述はない。

（**4**） **1** マララと家族は，女性の教育の権利を要求することで，タリバンのメンバーに危害を加えると脅迫した。

→**第3段落**第2文に「マララと家族は，タリバンが彼女に向けて殺害の脅迫を行ったのだと知った」と書かれているが，マララと家族が脅迫をしたという記述はない。

② マララはタリバンから脅迫を受けたにもかかわらず，自分は標的となるには若すぎると最初は思っていた。

→**第3段落**第2〜3文に一致する。at first が at the beginning に，the terrorist group would not actually harm a child が she thought she was too young to be a target に言い換えられている。言い換えられていても内容が一致していることに気がつけるかがポイント。

3 男がバスで，マララの居場所を教えるよう要求したとき，マララは友達に席を譲った。

→**第3段落**第4文に「（男は）どの少女がマララなのかを教えるよう要求した」とあるが，マララが友達に席を譲ったという記述はない。

4 男はマララの頭部を撃ち，それから彼女の友達を攻撃するために奥へと詰め寄った。

→**第3段落**第6文で男がマララの頭部を撃ったことはわかるが，友達を攻撃するという記述はない。

Lesson
12

（5） **1** ノーベル賞授与式の後すぐに，マララがスピーチの間に着ていた伝統的な制服は，血だらけの事件からの彼女の生還の重要な象徴となった。

→**第4段落**第1文に「（マララは）重要な象徴［血だらけの制服］を持参した」とあるが，スピーチの間に制服を着ていたという記述はない。また，制服が重要な象徴となったのが，ノーベル賞授与式の後であったという記述もない。

2 マララが暴力を経験した後，彼女は犯罪者を教育するのは正しくないと気がついた。

→このような内容の記述はない。

3 突然の攻撃の後，マララは自身を暴力から守るためには，声を上げるのと同じくらい，沈黙を貫くことが重要であると考え始めた。

→**第4段落**最終文のマララの発言「私は声を上げることに決めました」に矛盾する。

④ 差別は，6千万人を超える少女たちが学校に行けないでいる理由の一つである。

→**第5段落**第2〜3文に一致する。

正　解		
（1）(各5点) (a) **4**	(b) **2**	(c) **3**
（2）(5点) **1**	（3）(10点) **2**	
（4）(10点) **2**	（5）(10点) **4**	

得点	（1回目）	（2回目）	（3回目）	CHECK YOUR LEVEL	0〜30点 ➡ *Work harder!* 31〜40点 ➡ *OK!* 41〜50点 ➡ *Way to go!*
	／50点				

構造確認

［ ］＝名詞　▢＝修飾される名詞　＜ ＞＝形容詞・同格　( )＝副詞
S＝主語　V＝動詞　O＝目的語　C＝補語　＇＝従節

❶ (Standing (before ▢an audience▢ <that included her parents>)), ▢Malala
Yousafzai▢, <the youngest person in history to receive a Nobel Prize>, stated,
"Let this be ▢the last time▢ <that a girl gets forced (into early child marriage)>.
Let this be ▢the last time▢ <a child remains out of school>. Let us begin this
ending."

❷ (Born in Pakistan (in 1997)), Malala grew up (in ▢an area▢ <controlled by
▢the Taliban▢>, <who (often) used violence (to prevent girls from going to
school)>). (When she was (only) eleven years old), she gave ▢a speech▢ <titled
"How dare the Taliban take away ▢my basic right▢ <to education>?">

❸ Malala continued [to speak out (about her right, and the right of all
women, to an education)]. (When she was 14), Malala and her family learned
[that the Taliban had issued a death threat (against her)]. (Though Malala was
concerned about ▢the safety▢ <of her father>), she and her family (at first) felt
[that the terrorist group would not (actually) harm a child]. (However), (on
October 9, 2012), (on her way home from school), a man boarded ▢the bus▢
<Malala was riding in> and demanded [to know [which girl was Malala]].
(When her friends looked toward Malala), her location was given away. The
man fired (at her), (hitting Malala in the left side of her head); the bullet (then)
traveled down her neck. Two other girls were (also) injured (in the attack).

------構文解説------

1 Standing ～ parents は S［Malala Yousafzai］に対する前置きの説明。Malala Yousafzai と
the youngest ～ Prize は同格の関係。Let this be the last time は命令文で，「これが最
後のときになることを許しなさい」が直訳。

2 Born ～ 1997 は分詞構文で，Malala に対する前置きの説明。controlled by the Taliban
は前の an area を修飾する形容詞句。who 以下は Taliban に補足説明を加える非制限用法
の関係詞節。

【和訳】

❶ 彼女の両親を含む聴衆の前に立ち，史上最年少のノーベル賞受賞者マララ・ユスフザイは「少女が子供ながらにして結婚を強いられるのは，これで最後にしましょう。子供が学校に行けないのはこれで最後にしましょう。私たちで終焉を始めましょう」と言った。

❷ 1997 年にパキスタンに生まれ，マララはタリバンに支配された地域で育った。タリバンは少女たちが学校へ行くのを妨げるため，しばしば暴力を行使した。彼女は，まだたった 11 歳のときに「よくもタリバンは私の基本的な教育の権利を奪うことができるもんだ」というタイトルのスピーチをした。

❸ マララは彼女とすべての女性の教育の権利について声を上げ続けた。マララが 14 歳のとき，マララと家族は，タリバンが彼女に向けて殺害の脅迫を行ったのだと知った。マララは父親の安全を心配していたが，マララと家族は最初，テロリスト集団が実際に子供に害を与えることはないだろうと思った。しかしながら，2012 年 10 月 9 日，マララが学校から家に帰る途中に，一人の男がマララの乗っているバスに乗ってきて，どの少女がマララなのかを教えるよう要求した。友人たちがマララの方を見たことで，彼女の居場所がばれてしまった。男はマララを目がけて発砲し，彼女の頭部の左側に当たった。それから弾丸は彼女の首を下方に突き進んだ。他にも 2 人の少女がその襲撃により負傷した。

重要語句リスト

❶

□ audience	图 聴衆	
□ include	動 ～を含む	
□ receive	動 ～を受ける	
□ Nobel Prize	图 ノーベル賞	
□ state	動 ～と言う	
□ let O V	熟 O に V させる	
□ time	图 回	
□ S get Vpp	熟 S が V される	
□ force	動 ～に強いる	
□ marriage	图 結婚	
□ remain C	熟 C のままである	
□ out of	熟 ～の外に	
□ ending	图 終焉	

❷

□ be born in ～	熟 ～（場所）で生まれる	
□ grew	動 成長する	
		grow-grew-grown
□ grow up	熟 成長する	
□ control	動 ～を支配する	
□ violence	图 暴力	
□ prevent O from Ving	熟 O が V するのを妨げる	
□ give a speech	熟 スピーチをする	
□ title O C	熟 O に C と題名をつける	
□ How dare S V?	熟 よくも S が V できるもんだ	
□ take away	熟 ～を奪う	
□ right to ～	熟 ～の権利	
□ education	图 教育	

❸

□ continue to V	熟 V することを続ける	
□ speak out about ～	熟 ～について声を上げる	
□ learn that S V	熟 S が V することを知る	
□ issue	動 ～を出す	
□ death threat	图 殺害の脅迫	
□ against	前 ～に向けて	
□ though S V	接 S は V するけれども	
□ be concerned about ～	熟 ～を心配している	
□ safety	图 安全	
□ felt	動 ～を感じる	
		feel-felt-felt
□ feel that S V	熟 S が V すると思う	
□ terrorist group	图 テロリスト集団	
□ actually	副 実際に	
□ harm	動 ～を害する	
□ on one's way home	熟 （人）が家に帰る途中で	
□ board	動 ～に乗り込む	
□ demand to know ～	熟 ～を教えろと要求する	
□ look toward	熟 ～の方を見る	
□ location	图 位置	
□ give away	熟 ばらす	
□ fire at ～	熟 ～を目がけて発砲する	
□ hit O in ～	熟 O の～に当たる	
□ bullet	图 弾丸	
□ travel	動 進む	
□ be injured in	熟 ～で負傷する	
□ attack	图 襲撃	

❹ **3** (Surviving the attack), <u>Malala</u> <u>brought</u> <u>an important symbol</u> (with her (to
                             S   V   O

the Nobel Prize Award Ceremony in Oslo)): <u>the bloody uniform</u> <<u>she was</u>
                                                   S´   V´

<u>wearing</u> (when <u>she was shot</u> (on the school bus))>. "Education <u>went</u> (from
                        S´   V´   O-S   V

being a right to being a crime)," <u>she</u> <u>said</u>. "But (when <u>my world</u> (suddenly)
                                        S   V   O   S´

<u>changed</u>), <u>my priorities</u> <u>changed</u>, (too). <u>I</u> <u>had</u> <u>two alternatives</u>. <u>One</u> <u>was</u> [<u>to</u>
V´   S   V   S V   O   S   V   C

<u>remain silent and wait to be killed</u>]. And <u>the second</u> <u>was</u> [<u>to speak up and</u>
                                                       S   V   C

(then) <u>be killed</u>]. <u>I</u> <u>chose</u> <u>the second one</u>. <u>I</u> <u>decided</u> [<u>to speak up</u>]."
                        S´ V´   O´   S´ V´   O´

❺ <u>Malala</u> <u>is</u> <u>committed</u> (to <u>an issue</u> <<u>that</u> <u>needs</u> <u>attention</u>>). (According to
  S   V C   V´   O´

research by UNICEF), <u>over 60 million girls</u> <worldwide> <u>did not attend</u>
                                      S   V

4
<u>school</u> (in 2011). (Although <u>there</u> <u>are</u> <u>many reasons</u> <for this>, (including
O   V´ S´

limited resources, a lack of teachers, and family priorities)), <u>much of it</u> <u>is</u> (still)
                                                             S   V

<u>caused</u> (by discrimination). And (as <u>Malala's story</u> <u>shows</u>), <u>girls</u> (too often) <u>face</u>
                                                S´   V´   S   V

<u>physical violence</u> (when <u>they</u> <u>attempt</u> [<u>to gain access to education</u>]).
O   S´   V´   O´

20

25

30

---

3 Surviving the attack は分詞構文で，Malala survived the attack and brought 〜に近い意
味を表す。コロンの後ろは an important symbol の具体的な説明。she was 〜 bus は前の
the bloody uniform を修飾する（目的格の that [which] が省略された）関係詞節。

4 including 〜 priorities は many reasons「多くの理由」の例。much of it の it は前の this
を指し，this は前文の「多くの少女たちが学校に通っていない」という事実を指す。

❹ 襲撃を生き延びて，マララはオスロで開かれたノーベル賞授与式に重要な象徴を持参した。スクールバスで襲撃を受けたときに着用していた血だらけの制服だ。彼女は「教育が権利から，罪になりました」と言った。「しかし，私の世界が突然変わったとき，私が優先するものも変わりました。私には2つの選択肢がありました。1つ目は，沈黙を貫いて殺されること。そして2つ目は，声を上げて，それから殺されることでした。私は2つ目を選びました。私は声を上げることに決めました」

❺ マララは注目されるべき問題に献身した。ユニセフの調査によれば，2011年には，学校に行かなかった少女は世界中で6千万人を超えていた。これには限られた資金，教師の不足，家庭の優先など多くの理由があるが，その大半はいまだに差別によって引き起こされるものだ。そしてマララの物語が証明しているように，少女たちは教育の機会を得ようと試みることで，あまりにも頻繁に身体的な暴力に直面しているのだ。

❹

□ survive	動	～を生き延びる
□ brought	動	～を持って来る
		bring-brought-brought
□ symbol	名	象徴
□ award ceremony	名	授与式
□ Oslo	名	オスロ(ノルウェーの首都)
□ bloody	形	血だらけの
□ uniform	名	制服
□ shot	動	～を撃つ
		shoot-shot-shot
□ school bus	名	スクールバス
□ went	動	行く
		go-went-gone
□ go from A to B	熟	AからBになる
□ crime	名	罪
□ said	動	～を言う
		say-said-said
□ suddenly	副	突然
□ priority	名	優先事項
□ alternative	名	選択肢
□ one	代	1つ
□ silent	形	無言の
□ wait to V	熟	Vするのを待つ
□ the second	名	2番目のもの
□ chose	動	～を選ぶ
		choose-chose-chosen
□ decide to V	熟	Vすることに決める

❺

□ be committed to	熟	～に献身する
□ issue	名	問題
□ need	動	～を必要とする
□ attention	名	注目
□ according to	熟	～によれば
□ research	名	調査
□ UNICEF	名	ユニセフ
		→ UN Children's Fund
		「国連児童基金」の略称
□ million	形	100万の
□ worldwide	形	世界中の
□ attend school	熟	学校に通う
□ reason for	熟	～の理由
□ limited	形	限られた
□ resource	名	資金
□ lack of ～	熟	～の不足
□ family priorities	名	家庭の優先
□ still	副	まだ
□ cause	動	～を引き起こす
□ discrimination	名	差別
□ as S V	接	SがVするように
□ show	動	証明する
□ face	動	～に直面する
□ physical	形	身体的な，物理的な
□ attempt to V	熟	Vしようと試みる
□ gain	動	～を得る
□ access to	熟	～の機会

Lesson
12

【訂正のお知らせはコチラ】
　本書の内容に万が一誤りがございました場合は, 東進 WEB 書店 (https://www.toshin.com/books/) の本書ページにて随時お知らせいたしますので, こちらをご確認ください。☞

【問題文出典大学】※本書に掲載している英文は, 必要に応じて一部改変しています。
Lesson 01：駒澤大学（仏教・文・法・医療健康科学）　**Lesson 02**：大阪学院大学（流通科学・経営科学・経済・法など）　**Lesson 03**：桜美林大学（経済）　**Lesson 04**：九州産業大学（国際文化・商・工・芸術）　**Lesson 05**：甲南大学（文・法・経済・経営など）　**Lesson 06**：神奈川工科大学（工）　**Lesson 07**：桜美林大学（国際・健康福祉）　**Lesson 08**：國學院大学（文・神道文化・経済）　**Lesson 09**：大阪産業大学（国際・スポーツ健康・経営・経済など）　**Lesson 10**：専修大学（経済1部・経営・商1部・文など）　**Lesson 11**：四天王寺国際仏教大学（文）　**Lesson 12**：甲南大学（文・法・経済・経営など）

大学受験　レベル別問題集シリーズ

英語長文レベル別問題集④ 中級編【改訂版】

発行日：2023年　3月　1日　初版発行
　　　　2023年　4月 12日　第2版発行
　著者：**安河内哲也／大岩秀樹**
発行者：**永瀬昭幸**

編集担当：山村帆南
　発行所：**株式会社ナガセ**
　　　　　〒180-0003 東京都武蔵野市吉祥寺南町 1-29-2
　　　　　出版事業部（東進ブックス）
　　　　　TEL：0422-70-7456 ／ FAX：0422-70-7457
　　　　　URL：http://www.toshin.com/books（東進 WEB 書店）
　　　　　※本書を含む東進ブックスの最新情報は東進WEB書店をご覧ください。

制作協力：株式会社ティーシーシー（江口里菜）
編集協力：松下未歩　松本六花　三木龍瑛　湯本実果里
　　装丁：東進ブックス編集部
組版・印刷・製本：シナノ印刷株式会社
音声収録：財団法人英語教育協議会（ELEC）
音声出演：Jennifer Okano　Vicki Glass
　　　　　Guy Perryman　Alka Lodha
動画出演：Nick Norton

東進の実力講師陣
数多くのベストセラー参考書を執筆!!

東進ハイスクール・
東進衛星予備校では、
そうそうたる講師陣が君を熱く指導する!

　本気で実力をつけたいと思うなら、やはり根本から理解させてくれる一流講師の授業を受けることが大切です。東進の講師は、日本全国から選りすぐられた大学受験のプロフェッショナル。何万人もの受験生を志望校合格へ導いてきたエキスパート達です。

英語

日本を代表する英語の伝道師。ベストセラーも多数。

安河内 哲也先生
[英語]

予備校界のカリスマ。抱腹絶倒の名講義を見逃すな。

今井 宏先生
[英語]

「スーパー速読法」で難解な長文問題の速読即解を可能にする「予備校界の達人」!

渡辺 勝彦先生
[英語]

雑誌『TIME』やベストセラーの翻訳も手掛け、英語界でその名を馳せる実力講師。

宮崎 尊先生
[英語]

情熱あふれる授業で、知らず知らずのうちに英語が得意教科に!

大岩 秀樹先生
[英語]

国際的な英語資格(CELTA)に、全世界の上位5%(Pass A)で合格した世界基準の英語講師。

武藤 一也先生
[英語]

関西の実力講師が、全国の東進生に「わかる」感動を伝授。

慎 一之先生
[英語]

数学

数学を本質から理解できる本格派講義の完成度は群を抜く。

志田 晶先生
[数学]

「ワカル」を「デキル」に変える新しい数学は、君の思考力を刺激し、数学のイメージを覆す!

松田 聡平先生
[数学]

予備校界を代表する講師による魔法のような感動講義を東進で!

河合 正人先生
[数学]

短期間で数学力を徹底的に養成、知識を統一・体系化する!

沖田 一希先生
[数学]

WEBで体験

東進ドットコムで授業を体験できます！
実力講師陣の詳しい紹介や、各教科の学習アドバイスも読めます。
www.toshin.com/teacher/

国語

「脱・字面読み」トレーニングで、「読む力」を根本から改革する！

輿水 淳一先生
［現代文］

明快な構造板書と豊富な具体例で必ず君を納得させる！「本物」を伝える現代文の新鋭。

西原 剛先生
［現代文］

東大・難関大志望者から絶大なる信頼を得る本質の指導を追究。

栗原 隆先生
［古文］

ビジュアル解説で古文を簡単明快に解き明かす実力講師。

富井 健二先生
［古文］

縦横無尽な知識に裏打ちされた立体的な授業で、グングン引き込まれる！

三羽 邦美先生
［古文・漢文］

幅広い教養と明解な具体例を駆使した緩急自在の講義。漢文が身近になる！

寺師 貴憲先生
［漢文］

文章で自分を表現できれば、受験も人生も成功できますよ。「笑顔と努力」で合格を！

石関 直子先生
［小論文］

理科

丁寧で色彩豊かな板書と詳しい講義で生徒を惹きつける。

宮内 舞子先生
［物理］

化学現象の基本を疑い化学全体を見通す"伝説の講義"

鎌田 真彰先生
［化学］

明朗快活な楽しい講義で、必ず「化学」が好きになる。

立脇 香奈先生
［化学］

全国の受験生が絶賛するその授業は、わかりやすさそのもの！

田部 眞哉先生
［生物］

地歴公民

入試頻出事項に的を絞った「表裏板書」は圧倒的な信頼を得る。

金谷 俊一郎先生
［日本史］

つねに生徒と同じ目線に立って、入試問題に対する的確な思考法を教えてくれる。

井之上 勇 先生
［日本史］

"受験世界史に荒巻あり"といわれる超実力人気講師。

荒巻 豊志先生
［世界史］

世界史を「暗記」科目だなんて言わせない。正しく理解すれば必ず伸びることを一緒に体感しよう。

加藤 和樹先生
［世界史］

わかりやすい図解と統計の説明に定評。

山岡 信幸先生
［地理］

政治と経済のメカニズムを論理的に解明しながら、入試頻出ポイントを明確に示す。

清水 雅博先生
［公民］

「今」を知ることは「未来」の扉を開くこと。受験に留まらず、目標を高く、そして強く持て！

執行 康弘先生
［公民］

付録 **2**

学習システム

映像によるIT授業を駆使した最先端の勉強法
高速学習

一人ひとりの
レベル・目標にぴったりの授業

東進はすべての授業を映像化しています。その数およそ1万種類。これらの授業を個別に受講できるので、一人ひとりのレベル・目標に合った学習が可能です。1.5倍速受講ができるほか自宅からも受講できるので、今までにない効率的な学習が実現します。

現役合格者の声

東京大学 理科一類
大宮 拓朝くん
東京都立 武蔵高校卒

得意な科目は高2のうちに入試範囲を修了したり、苦手な科目を集中的に取り組んだり、自分の状況に合わせて早め早めの対策ができました。林修先生をはじめ、実力講師陣の授業はおススメです。

1年分の授業を
最短2週間から1カ月で受講

従来の予備校は、毎週1回の授業。一方、東進の高速学習なら毎日受講することができます。だから、1年分の授業も最短2週間から1カ月程度で修了可能。先取り学習や苦手科目の克服、勉強と部活との両立も実現できます。

先取りカリキュラム

	高1	高2	高3

東進の学習方法

高1生の学習 →	高2生の学習 →	高3生の学習 →	受験勉強

高2のうちに受験全範囲を修了する			

従来の学習方法（1.5浪前の場合）

高1生の学習 →	高2生の学習 →	高3生の学習

目標まで一歩ずつ確実に
スモールステップ・
パーフェクトマスター

自分にぴったりのレベルから学べる
習ったことを確実に身につける

高校入門から最難関大までの12段階から自分に合ったレベルを選ぶことが可能です。「簡単すぎる」「難しすぎる」といったことがなく、志望校へ最短距離で進みます。

授業後すぐに確認テストを行い内容が身についたかを確認し、合格したら次の授業に進むので、わからない部分を残すことはありません。短期集中で徹底理解をくり返し、学力を高めます。

現役合格者の声

一橋大学 商学部
伊原 雪乃さん
千葉県 私立 市川高校卒

高1の「共通テスト同日体験受験」をきっかけに東進に入学しました。毎回の授業後に「確認テスト」があるおかげで、授業に自然と集中して取り組むことができました。コツコツ勉強を続けることが大切です。

パーフェクトマスターのしくみ

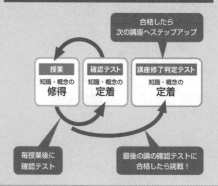

合格したら次の講座へステップアップ

授業	確認テスト	講座修了判定テスト
知識・概念の**修得**	知識・概念の**定着**	知識・概念の**定着**

毎授業後に確認テスト

最後の講の確認テストに合格したら挑戦！

徹底的に学力の土台を固める

高速マスター基礎力養成講座

高速マスター基礎力養成講座は「知識」と「トレーニング」の両面から、効率的に短期間で基礎学力を徹底的に身につけるための講座です。英単語をはじめとして、数学や国語の基礎項目も効率よく学習できます。オンラインで利用できるため、校舎だけでなく、スマートフォンアプリで学習することも可能です。

現役合格者の声

早稲田大学 法学部
小松 朋生くん
埼玉県立 川越高校卒

サッカー部と両立しながら志望校に合格できました。それは「高速マスター基礎力養成講座」に全力で取り組んだおかげだと思っています。スキマ時間でも、机に座って集中してでもできるおススメのコンテンツです。

東進公式スマートフォンアプリ

東進式マスター登場！
（英単語／英熟語／英文法／基本例文）

スマートフォンアプリでスキマ時間も徹底活用！

１）スモールステップ・パーフェクトマスター！
頻出度（重要度）の高い英単語から始め、1つのSTAGE（計100語）を完全修得すると次のSTAGEに進めるようになります。

２）自分の英単語力が一目でわかる！
トップ画面に「修得語数・修得率」をメーター表示。自分が今何語修得しているのか、どこを優先的に学習すべきなのか一目でわかります。

３）「覚えていない単語」だけを集中攻略できる！
未修得の単語、または「My単語（自分でチェック登録した単語）」だけをテストする出題設定が可能です。
すでに覚えている単語を何度も学習するような無駄を省き、効率良く単語力を高めることができます。

共通テスト対応 **英単語1800**
共通テスト対応 **英熟語750**
英文法750
英語基本例文300

「共通テスト対応英単語1800」2022年共通テストカバー率99.5％！

君の合格力を徹底的に高める

志望校対策

第一志望校突破のために、志望校対策にどこよりもこだわり、合格力を徹底的に極める質・量ともに抜群の学習システムを提供します。従来からの「過去問演習講座」に加え、AIを活用した「志望校別単元ジャンル演習講座」、「第一志望校対策演習講座」で合格力を飛躍的に高めます。東進が持つ大学受験に関するビッグデータをもとに、個別対応の演習プログラムを実現しました。限られた時間の中で、君の得点力を最大化します。

現役合格者の声

東京工業大学 環境・社会理工学院
小林 杏彩さん
東京都 私立 豊島岡女子学園高校卒

志望校を高1の頃から決めていて、高3の夏以降は目標をしっかり持って「過去問演習」、「志望校別単元ジャンル演習講座」を進めていきました。苦手教科を克服するのに役立ちました。

大学受験に必須の演習

■過去問演習講座

1. 最大10年分の徹底演習
2. 厳正な採点、添削指導
3. 5日以内のスピード返却
4. 再添削指導で着実に得点力強化
5. 実力講師陣による解説授業

東進×AIでかつてない志望校対策

■志望校別単元ジャンル演習講座

過去問演習講座の実施状況や、東進模試の結果など、東進で活用したすべての学習履歴をAIが総合的に分析。学習の優先順位をつけ、志望校別に「必勝必達演習セット」として十分な演習問題を提供します。問題は東進が分析した、大学入試問題の膨大なデータベースから提供されます。苦手を克服し、一人ひとりに適切な志望校対策を実現する日本初の学習システムです。

志望校合格に向けた最後の切り札

■第一志望校対策演習講座

第一志望校の総合演習に特化し、大学が求める解答力を身につけていきます。対応大学は校舎にお問い合わせください。

合格の秘訣3 東進模試

申込受付中
※お問い合わせ先は付録7ページをご覧ください。

学力を伸ばす模試

本番を想定した「厳正実施」
統一実施日の「厳正実施」で、実際の入試と同じレベル・形式・試験範囲の「本番レベル」模試。相対評価に加え、絶対評価で学力の伸びを具体的な点数で把握できます。

12大学のべ35回の「大学別模試」の実施
予備校界随一のラインアップで志望校に特化した"学力の精密検査"として活用できます(同日体験受験を含む)。

単元・ジャンル別の学力分析
対策すべき単元・ジャンルを一覧で明示。学習の優先順位がつけられます。

中5日で成績表返却
WEBでは最短中3日で成績を確認できます。
※マーク型の模試のみ

合格指導解説授業
模試受験後に合格指導解説授業を実施。重要ポイントが手に取るようにわかります。

東進模試 ラインアップ　2022年度

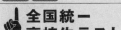

		回数
共通テスト本番レベル模試 受験生 高2生 高1生 ※高1は難関大志望者		年4回
高校レベル記述模試 高2生 高1生		年2回
全国統一高校生テスト ●問題は学年別 高3生 高2生 高1生		年2回
全国統一中学生テスト ●問題は学年別 中3生 中2生 中1生		年2回
早慶上理・難関国公立大模試 受験生	共通テスト本番レベル模試との総合評価※	年5回
全国有名国公私大模試 受験生		年5回
東大本番レベル模試 受験生 高2東大本番レベル模試 高2生 高1生	共通テスト本番レベル模試との総合評価※	各年4回

		回数
京大本番レベル模試 受験生	共通テスト本番レベル模試との総合評価※	年4回
北大本番レベル模試 受験生		年2回
東北大本番レベル模試 受験生		年2回
名大本番レベル模試 受験生		年3回
阪大本番レベル模試 受験生		年3回
九大本番レベル模試 受験生		年3回
東工大本番レベル模試 受験生		年2回
一橋大本番レベル模試 受験生	共通テスト本番レベル模試との総合評価※	年2回
千葉大本番レベル模試 受験生		年1回
神戸大本番レベル模試 受験生		年1回
広島大本番レベル模試 受験生		年1回
大学合格基礎力判定テスト 受験生 高2生 高1生		年4回
共通テスト同日体験受験 高2生 高1生		年1回
東大入試同日体験受験 高2生 高1生 ※高1は意欲ある東大志望者		年1回
東北大入試同日体験受験 高2生 高1生 ※高1は意欲ある東北大志望者		年1回
名大入試同日体験受験 高2生 高1生 ※高1は意欲ある名大志望者		年1回
医学部82大学判定テスト 受験生		年2回
中学学力判定テスト 中2生 中1生		年4回

※ 最終回は共通テスト後の受験となる模試は、共通テスト自己採点との総合評価となります。
※ 2022年度に実施予定の模試は、今後の状況により変更する場合があります。最新の情報はホームページでご確認ください。

2022年東進生大勝利！
東大・難関大 現役合格 史上最高！ 続出

東大
現役合格 日本一！※1 853名

文科一類	138名	理科一類	310名
文科二類	111名	理科二類	120名
文科三類	105名	理科三類	36名
学校推薦	33名		

※1 東大現役合格実績をホームページ・パンフレット・チラシ等で公表している予備校の中で最大。2021年 Ever!調べ。

現役合格者の38.0%が東進生！※2

※2 2022年の東大全体の現役合格者は2,241名。東進の現役合格者は853名。東進生の占有率は38.0%。現役合格者の2.7人に1人が東進生。

東進生現役占有率 38.0%

昨対 +37名

学校推薦型選抜も東進！
33名 昨対+10名/86名
現役推薦合格者の38.3%が東進生！

東進史上最高記録を更新!!

国公立医・医
1,032名 昨対+45名

現役合格者の **29.6%** が東進生！

2022年の国公立大学医学科全体の現役合格者は未公表のため、仮に昨年の現役合格者数（推定）3,478名を分母として東進生占有率を算出すると、東進生の占有率は29.6%。現役合格者の3.4人に1人が東進生です。

東進生現役占有率 29.6%

史上最高！

早慶 5,678名 昨対+485名

早稲田大	3,412名
慶應義塾大	2,266名

上理明青立法中 21,321名 昨対+2,637名

上智大	1,488名	青山学院大	2,111名
東京理科大	2,805名	立教大	2,646名
明治大	5,351名	法政大	3,848名
		中央大	3,072名

関関同立
12,633名 昨対+832名

関西学院大	2,621名
関西大	2,752名
同志社大	2,806名
立命館大	4,454名

私立医・医
626名 昨対+22名

日東駒専 10,011名 史上最高！ 昨対+917名

産近甲龍 6,085名 史上最高！ 昨対+368名

国公立大
16,502名 史上最高！ 昨対+68名

旧七帝大 東工大＋一橋大神戸大
4,612名 昨対+246名

東京大	853名
京都大	468名
北海道大	438名
東北大	372名
名古屋大	410名
大阪大	617名
九州大	437名
東京工業大	211名
一橋大	251名
神戸大	555名

史上最高！

国公立 総合・学校推薦型選抜も東進！

国公立医・医		旧七帝大 東工大＋一橋大神戸大
302名 昨対+15名		**415名** 昨対+59名

東京大	33名
京都大	15名
北海道大	16名
東北大	114名
名古屋大	80名
大阪大	56名
九州大	27名
東京工業大	24名
一橋大	2名
神戸大	48名

史上最高！

ウェブサイトでもっと詳しく
東進 🔍検索

2022年3月31日締切

付録 6

各大学の合格実績は、東進ネットワーク（東進ハイスクール、東進衛星予備校、早稲田塾）の現役生のみ、高3時在籍生のみの合同実績です。一人で複数合格した場合は、それぞれの合格者数に計上しています。

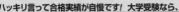
※2022年4月現在